지상의 모든 악보는 눈 감고 보는 것.
세설世說하는 바람, 삼월의 꽃망울에 내려 앉고

Beautiful in Gyeongju
문두루비법을 찾아서

발행일 2020년 7월 30일
발행인 강시일 이령 이원주

발 행 처 도서출판 인공연못
　　　　 160-97-00582
　　　　 주소. 경북 경주시 금장1길 1길 38, 101호
　　　　 전화. 054-741-4595

디자인.인쇄 온기획 653-09-01505, 경주시 현곡면 용담로 174, 1동 105호(성호마루한뷰)

값 15,000원
ISSN 979-11-85821-25-2

이 도서의 국립중앙도서관 출판예정도서목록(CIP)은 서지정보유통지원시스템 홈페이지(http://seoji.nl.go.kr)와 국가자료종합목록 구축시스템(http://kolis-net.nl.go.kr)에서 이용하실 수 있습니다.
(CIP제어번호 : CIP2020030652)

이 책은 인터넷서점 교보문고, 알라딘에서 구입하실 수 있으며 서점과 인공연못출판사에서도 구입하실 수 있습니다.
이 책의 모든 글과 사진, 그림의 저작권은 작가에게 있으며, 무단복제를 금합니다.

표지사진 / 동부사적지 야경

서라벌 밤마실 나섭니다

달빛 뛰노는 능 뒤에서
목련, 작약 고개 들어 반깁니다

신라의 깊은 우물 속,
쏟아질 것 같은 별들 헤치고
당신 찾아가는 길

처마 낮은 골목마다 밥 익는 냄새
원효와 요석 앞서가는 긴 옷자락 뒤로
나타났다 사라지고, 또 손짓하는 당신

천년이 어제 같은 시공간에 머물며
찰나를 비껴가며 공존하는 당신과 나

순한 별들 하나 둘 생겨날 때마다
더욱 또렷해집니다

Contents

사청사우 6
시 / 김시습

관음전에 들다 9
시 / 김종섭

돌부처의 잠 11
시 / 강시일

서출지에 흰 눈이 내리면 13
시 / 이원주

일어서는 골목 15
시조 / 이령

천년야행 16

달빛기행 22

봄을 타전하다 33
칼럼 / 이령

경주국립공원 38

구부린 등 47
시 / 이원주

쉰등마을 50

지장보살이 된 김교각 58

황리단길 60

하범곡마을 70

한 치 반 그 은유의 틈 80
수필 / 김이랑

추억의 수학여행 88

토함산 자연휴양림 98

보불로 104

움트다 109
시 / 이령

남산별곡 112
수필 / 강시일

교촌마을 116

공연과 체험행사 121

신라의 밤풍경 129

양남 주상절리 132

여름밤 평상위에선 139
시 / 이령

경주는 빵의 나라 140

경주의 카페 144

보문단지내 콜로세움

뷰티풀 in 경주
문두루비법을 찾아서

문두루는 범어 무드라(mudra)의 소리나는대로 번역한 것으로 명랑법사에 의해 처음으로 신라에 전해졌다. 이 비법은 '불설관정복마봉인대신주경(佛說灌頂伏魔封印大神呪經)'에 의하여 불단(佛壇)을 설치하고 다라니 등을 독송하면 국가적인 재난을 물리치고 국가를 수호하여 사회를 편안하게 할 수 있다고 한다.

문두루비법은 신라와 고려시대에 행했던 밀교의식이었다. 당나라가 침입했을 때 명랑법사가 문무왕에게 낭산 남쪽에 사천왕사를 세울 것을 제의했지만 시간이 급하여 오색비단으로 가건물을 짓고 5방(方)에 신상(神像)을 세운 뒤 유가명승 12인과 함께 문두루비법을 썼다. 신기하게도 당군과 신라군이 접전하기도 전에 바람과 물결이 사납게 일어나 당나라 배가 모두 바다에 침몰했다고 한다.

乍晴乍雨 글·김시습

乍晴乍雨雨還晴 (사청사우우환청)
天道猶然況世情 (천도유연황세정)
譽我便是還毀我 (예아편시환훼아)
逃名却自爲求名 (도명각자위구명)
花開花謝春何管 (화개화사춘하관)
雲去雲來山不爭 (운거운래산불쟁)
寄語世人須記認 (기어세인수기인)
取歡無處得平生 (취환무처득평생)

사청사우

잠깐 개었다 비 내리고 내렸다가 도로 개이니
하늘의 이치도 이러한데 하물며 세상 인심이야
나를 칭찬하다 곧 도리어 나를 헐뜯으니
명예를 마다더니 도리어 명예를 구하게 되네
꽃이 피고 꽃이 지는 것을 봄이 어찌 하리오
구름이 오고 구름이 가는 것을 산은 다투질 않네
세상 사람에게 말하노니 반드시 알아두소
기쁨을 취하되 평생 누릴 곳은 없다는 것을

*이 시는 매월당(梅月堂) 김시습(金時習, 1435~1493)이 쓴 시다. 조선 초 생육신의 한 사람이며 자는 열경, 호는 매월당이다. 1455년 시습이 21세 때 수양대군이 단종을 쫓아내고 왕위에 올랐다는 소식을 듣고 문을 닫은 채 3일을 통곡하다 학문을 포기하고 책을 불살라 버리고 중이 되어 방랑의 길을 떠난다. 10년의 세월동안 전국을 떠돌다 31세 때 비로소 경주의 금오산에 정착한다. 士可殺 不可辱(사가살 불가욕) : 선비를 죽일수는 있을지언정, 치욕은 줄 수는 없다. 절개를 지키며 울분과 절망에 떨면서 세상을 방랑하며 쓴 글이다.

관음전에 들다

글·김종섭

어느 가을 날,
수많은 마애불에 취했던 시인들이
천년의 산문에 들었다
대웅전, 나한전, 산신각을 돌아
소리에 끌려 관음전 난간에 앉았다.
부처의 번득이는 눈길에 주눅 들어 있다가
비로소 인간이 된 듯,
육두문자 음담패설을 쏟아내며
스님께 올릴 은행알도 몰래 거두고
담배 연기로 나한들의 코를 벌름대게 했다.
그렇구나, 무장무애 그 일탈의 자유가 곧 해탈
그것이 바로 저마다 살아있는 부처인 것을
노을 깔리는 산사의 뜰에
부처님 목소리 영글어 열매로 떨어진다.
노랗게 물든 은행잎으로
관음전 마당에 법어가 펼쳐진다.
어쩌면 눈 먼 시인들 눈에
가을 날 맑게 씻긴 시어들이 보인다.
관음(觀音)은 관음(觀淫)이고,
시(詩)는 불(佛), 불(佛)은 시(詩)라는 듯.

10 Beautiful in Gyeongju

돌부처의 잠
— 글 · 강시일

별을 탐한 용들이 하늘로 날아오르는 별천룡골
게으른 걸음으로 계곡 헤집어 봉화대 오르면
다문다문 얼음이 세월의 발걸음 묶어두고,
아무런 답사 없었던 계곡인양
낙엽들은 켜켜이 시간을 덮고 있다

바람이 바위 다독여 일군 흙에 머루다래 엉켜있는 산허리
신우대는 세월 모르고 푸른 울타리를 두르고
고목이 울울창창 하늘을 찌르는 곳
누가 절을 지어 아미타불을 암송하다 입적했는지
주춧돌 삐딱하게 기울었고
썩은 기둥 간 데 없이 몸통만 나뒹굴고 있다

석탑 지붕 정 맞은 자리에서 새소리, 바람소리 새어나오고
몸돌은 일어서려 무릎 세우고 있는데
그 옆의 이름없는 바위 엉거주춤 축대 붙잡고 있는 동안
맷돌 수막새 불상 조각들 아무렇게 구르고 있다

경주 남산 별천룡골에 절이 있었다고 표지석이 독송하는 겨울
어쩌다 지나는 발소리에 푸른 이끼 뒤척이고,
오가리 계곡에 밤낮으로 울려 퍼졌을 목탁소리
다듬어진 돌 위에 철저히 묵음 중이다

서출지에 흰 눈이 내리면
글·이원주

넌출 넌출, 함박눈이 내리는 밤이었네

약밥처럼 오종종 떠 있는 연잎 위로

작은 눈송이들이 내려앉았네

가만히 손등을 들어 물 위를 매만지면

포자처럼 휘날리는 희고 작은 것들이

손톱 위로 뉘엿뉘엿 잠이 드는 밤이었네

지느러미를 다친 늙은 잉어 한 마리

물 위에 떨어진 작은 눈송이들을 향해

자꾸만 자꾸만 주억거리는 밤이었네

언제부터 뿌리내리고 있었을까, 저 배롱나무

배롱나무 사이로 어른거리는 눈 그림자

창호문 밖에서 신발을 벗던, 퇴근길 젊은 아버지의

헛기침소리 같았네

연못가에 서서 물속을 들여다보면

아버지 무릎에 앉아서 울고 있는 어린 여자아이가 비치네

울음을 참으려고 입술을 삐죽 내밀고 있으면

쟁기처럼 두꺼운 손으로 내 눈물을 훔쳐 주었네

금도끼를 주랴! 은도끼를 주랴!

산신령이 되어 저 연못 속으로

가라앉은 아버지가 연잎 사이로 입술을 뻐끔거리네

먼 곳에서 불어온 눈송이들이

내 뺨에 달라붙어 뜨겁게 다시 내리는,

일어서는 골목

글 · 이령

시나위 장단 맞춘 배틀걸음 재우치다
계절지나 안부 묻는 달개비 한 악장에
살바람 아랑곳없이 잠든 길이 꿈틀 댄다

지상의 표정담아 또 하루가 눕는 시간
겹겹이 넘겼어도 스타카토 덜컹인 길
탁, 타닥! 꽃불 악센트 새겨듣는 저물녘

두서없이 부려놓는 조기퇴직 후일담과
엇박자 오고가는 사람 밖의 사람 일도
느리게 조금 느리게 에둘러 가라한다

에움길 도닐다 귀동냥 슬쩍 걸 듯
한사코 당김음 퉁겨놓는 정경하나
철지난 말의 개화다, 골목이 일어선다

천년의 시간을 읽다

천년야행......

역사란 인간이 환경에 적응하며 살아가는 과정에서 이룩한 삶의 총체다
과거와 현재의 끊임없는 대화, 천년야행 속으로 초대하다

우리의 역사에서는 물론 세계사적으로도 천년을 하나의 왕국이 맥을 이어온 나라는 없다. 500년도 안된 역사를 가진 나라들도 수차례 수도를 옮겼다. 신라는 기원전 57년 나라를 세운 이래 멸망에 이른 935년까지 992년 동안 경주, 즉 서라벌을 수도로 천년왕조를 이어왔다. 자랑스러운 우리의 역사다.

영묘사 터에서 발견된 기와에 새겨진 웃는 얼굴을 '천년미소'라 한다. 경주에서 나오는 상표와 로고에는 '천년왕국', '천년수도', '천년고도' 등등의 '천년'이라는 말이 자연스럽게 따라 붙는다.

경주문화원이 경주의 역사문화유적을 둘러보는 역사문화관광 프로그램으로 '천년야행'을 기획 운영하고 있다. '왕의 길', '탑의 길', '별의 길'이라는 역사문화를 탐방하는 코스를 나누어 2시간에서 3시간의 야간 탐방길을 역사문화해설사들이 안내한다.

밤이 깊어지면 탐방객들은 점점 전설 같은 신라의 이야기 속으로 빨려 들어간다.

매년 천년야행에 참가인원은 서울과 부산 등 타 도시에서 인터넷으로 참가신청서를 접수해서 오는 사람이 대부분이다. 경주를 자세하게 소개하고 역사문화를 자랑하는 계기가 된다. 천년야행은 문화유적 탐방과 함께 공연을 즐기면서 전통민속놀이 체험과 전통연, 주령구와 주사위 만들기 체험, 선덕여왕 행차 등의 다양한 이벤트가 진행돼 참가자들의 호응도가 높아지고 있다.

천년야행의 꽃은 아무래도 참가자들이 저마다 등을 들고 어둠이 내린 신라의 숨결을 찾아 나서는 신라야행 답사다. 전문 해설사들이 대거 참여 해 각자 참가자 20~30여명씩 조를 편성해 안내한다. 야행은 왕의 길과 탑의 길, 별의 길로 나누어 진행된다.

왕의 길 ……

왕의 길은 신라시대 왕과 귀족들이 걸었던 길이다. 첨성대에서 문화원이 나누어준 등을 들고 발아래로 깔린 어둠을 밝히며 역사 속으로 걸음을 옮기기 시작하면 마음은 서서히 요동친다. 선덕여왕이 첨성대에서 하늘의 별들을 관측하고 사뿐사뿐 왕궁으로 돌아가던 계림로. 첨성대에서 월성까지는 불과 2㎞ 남짓되는 빤히 바라다 보이는 거리다. 첨성대 주변은 요즘말로 신라의 행정타운이었다.

요석공주가 머물렀던 요석궁이 있었고 신라시대 국학이 현재 향교로 이어져 교촌으로 불리는 마을을 한 바퀴 돈다. 왕이 남산으로 행차할 때 걸었던 월정교, 원효대사가 요석궁으로 들면서 남천에 빠졌던 누교도 지난다. 월성으로 오르면 서 최근 발굴과정에서 문지의 기둥 아래에서 인골이 발견되었다는 이야기도 섬뜩하게 전달한다. 신라시대에도 얼음을 보관했다는 기록이 남아있다는 것을 설명하며 조선시대 옮겨진 석빙고도 불을 비춰본다. 파사왕 때부터 신라가 멸망할 때까지 왕궁이 있었던 월성을 지나 동궁과 월지로 걸음을 옮긴다.

동궁과 월지 입구는 초만원이다. 어둠이 내린지 한참 되었지만 동궁의 야경을 보려는 인파는 입추의 여지도 없이 북적거린다. 천년야행에 나선 탐방객들은 자칫 한눈팔면 일행을 놓친다. 해설사들의 깃발을 든 팔이 자꾸 높아지는 곳이다. 1970년대 발굴에서 신라시대의 유물 3만여 점이 나와 당시 생활상을 짐작하는데 큰 도움이 되고 있다. 동궁과 월지는 경치가 뛰어나며 당시 과학과 예술을 짐작할 수 있는 곳이다. 천년야경의 대표적인 코스다. 다시 첨성대로 돌아오는 길에 어둠이 깊게 내린다.

별의 길 ......

별의 길로 나선 사람들은 어두운 밤하늘에 홀로 빛나는 십자성이라도 찾고 싶은 것일까. 부모들이 아이들과 많이 참석하는 코스다. 첨성대에서 해설사의 본격적인 설명이 시작된다.

주위가 어두워지면 첨성대는 형광의 색으로 옷을 갈아 입는다. 노랑, 빨강, 옅은 보랏빛깔로 변장하는 첨성대가 신라 27대 선덕여왕 시기에 얼마나 과학적으로 만들어졌는지 고개를 끄덕이게 한다. 지난해 경주를 휘몰아친 5.8 규모의 지진에도 첨성대는 1.5m의 흙으로 내진설계로 건축돼 지진에 안전할 수 있었다는 이야기다.

첨성대를 벗어나 횡단보도를 건너 대능원에 도착한다. 숲이 어둠을 가두고 조명등은 길을 따라 징검다리처럼 이어진다. 천마총은 직경 47m, 높이 12.7m의 원형 돌무지덧널무덤이다. 천마도가 출토되어 천마총이라 명명되었고, 고분은 복원되어 내부시설이 공개되고 있다. 알려진 천마도는 자작나무에 새겨진 날개 달린 말의 형상이다. 건너편 가로누운 3자 모양의 큰 능은 황남대총으로 높이가 23m의 거대한 남분과 북분이 덧붙여 조성된 돌무지덧널무덤 표형분이다.

대능원을 벗어나 길을 건너자 신라대종이 보인다. 선덕대왕신종과 똑같이 만든 종이다. 조금 더 걸어가면 '쪽샘 유적 박물관'이 우주모형의 덮개를 쓴 채 나타난다. 계단을 오르자 활짝 펼쳐진 고분 발굴 현장을 보고 다들 우와 하는 함성을 지른다. 고분의 크기가 방대하고 직접 발굴 현장을 본다는 것이 다들 놀라운 모양이다.

밖으로 나오자 어둠은 더욱 깊어져 하늘의 별들이 드문드문 보이고 풀벌레소리와 흐릿한 불빛으로 천 년 전 신라의 밤을 느끼게 한다. 별을 관측하던 첨성대에서 시작된 별의 길은 다시 첨성대로 걸어오며 신라에서 벗어나 현재로 돌아오는 길이 된다.

탑의 길

탑의 길은 첨성대에서 출발해 신라 옛길을 찾아 황룡사지를 돌아보는 코스다. 진흥왕이 시작해 4명의 왕이 90여년에 걸쳐 이룬 역사가 설명된다. 신라 3대 보물 중 2개의 보물이 황룡사지에 위치할 정도로 대단한 역사문화유적이다. 동궁과 월지를 돌아 다시 첨성대로 오는 코스다.

잔디는 푸른빛으로 바다를 이루고 사람들의 물결이 경주를 메운다. 산책에 나선 경주시민들과 인근 포항, 울산, 대구 등지에서 놀러온 사람들로 첨성대 주변 사적지는 인산인해다. 경주가 가진 역사문화유적은 물론 이를 활용한 천년야행과 같은 다양한 이벤트가 그 힘이다.

나는 구름의 문장을 베고
행간의 이불을 당겨
밤보다 깊은 새벽을 밝히며
살아도 죽은 듯, 죽어도 산 것처럼
회전하는 부호에 갇혔다

서라벌 밝은 달밤에
밤 늦도록 놀고 지내다가
들어와 자리를 보니
다리가 넷이로구나.
둘은 내 것이지만
둘은 누구의 것인고?
본디 내 것이다만
빼앗긴 것을 어찌하리.

- 처용가 -

달빛기행 ......

신라의 달밤도 지금 같았을까. 신라 천년의 흔적을 고스란히 간직하고 있는 경주 남산. 달빛을 받으며 오르는 길은 오감으로 역사의 향기를 느끼게 한다.

경주 남산은 700여점의 역사문화유물이 남아 있는 곳이다. 발 닿는 곳마다, 시선이 머무는 곳마다 문화유적이요 기암괴석들이 선경을 이루고 있다. 누구나 한 번 오르면 또 찾고 싶은 마음이 저절로 생기는 정이 가는 산이다. 높이는 500m에도 미치지 못하는 낮은 산이지만 웅장한 바위와 다양한 식물들이 이루는 조화는 금강산의 자태에 못지않다. 아름다운 경치에다 많은 문화유적들이 여러 가지 전설과 신화를 품고 있어 해설사의 안내를 받아 시행하는 남산탐방은 더욱 신명이 난다.

경주남산연구소는 정취가 뛰어나고 안전한 코스를 선정해 20여 년째 매년 10회씩 '달빛기행'이라는 야간산행을 통해 이색적인 문화탐방을 진행해 왔다. 신라 천년의 향기가 달빛을 받아 아름다운 시간으로 발아하는 경주 남산에서의 달빛기행을 떠나본다.

달빛 따라 잡기 ……

　출발하는 걸음에 백일홍이 만발한 서출지를 만난다. 왕을 구한 편지글이 출토된 연못이라는 제법 긴 전설이 적힌 안내판 글씨가 아직 읽을 수 있는 빛이 남아 있다. 연꽃들이 자부룩하게 어우러진 서출지 안으로 발을 담그고 있는 조선시대 정자 '이요정'이 노을을 받아 길게 그림자를 드리운다. 훈장의 근엄한 기침소리가 풀벌레 소리에 묻어나오는 것 같다.

　마을 안길을 따라 남산의 풍모에 맞게 달맞이꽃이 노랗게 피어 산을 오르는 사람들을 반긴다. 본격적인 산행이 시작되는 듯 마을이 끝나기 무섭게 경사가 가팔라지면서 나이든 사람들의 입에서 거친 숨소리가 바람을 일으킨다.

　둘씩 또는 서넛이 뭉쳐 이야기꽃을 피우며 걷던 사람들이 자연스럽게 조용해진다. 정상을 향해 좁아진 산길을 따라 한 줄로 길게 늘어선 사람들이 느린 걸음을 옮긴다. 친절한 김구석 소장은 적당히 땀을 훔치는 시간을 배려하면서 농을 섞어 옛날 전설 같은 이야기들을 풀어놓는다.

　작은 지바위가 나타나고 이어 큰 지바위가 곧 무너져 내릴 폼으로 우람한 위용을 드러낸다. 큰 지바위에는 희미하게 선각한 부처님의 얼굴이 드러난다. 어느덧 힘들다는 생각은 간 곳 없이 사라진다. 신라 역사 속으로 푹 빠져든 것이다. 모르는 사이 햇빛은 사라지고 달빛이 탐방객들 등 뒤로 부서지고 있다.

신라의 달밤 ……

　경주에는 전해내려 오는 세 가지 기이한 물건과 여덟 가지 괴상한 일 '3기8괴'가 있다. 3기는 금척(자), 옥저(만파식적 피리), 구슬(화주)이고, 8괴는 남산부석, 문천도사, 계림황엽, 금장낙안, 백률송순, 압지부평, 나원백탑, 불국영지 등이다. 8괴 중 '남산부석'은 경주 남산 국사골에 덩그렇게 떠 있는 큰 바위다. 명주실을 바위 뒤로 넘겨 앞으로 당기면 거침없이 빠져나와 바위가 땅에서 떠있다는 전설이 전해진다.

　사자봉에는 사자가 없다. 펑퍼짐하게 다져놓은 팔각정자 터가 덩그렇다. 사자봉은 남산에서 가장 높은 곳은 아니지만 경주의 시가지가 한 눈에 들어온다. 어둠에 깔린 도시에 불빛들이 줄을 이어 띠를 형성하며 신비스런 풍경을 선사한다.

　이쯤에서 고개를 들어 하늘을 바라볼 일이다. 하얗게 말끔하게 화장을 지운 얼굴이 마음을 가득 채운다. 작게 반짝이는 별들은 거의 눈에 들어오지도 않는다. 보름달의 기품에 빛을 잃은 탓이다.

　달밤 산중에서 대금소리가 심금을 울린다. 대금소리가 은은하게 퍼지면 숨소리조차 멎는다. 기이하기도 하고 괴기스럽기도 하다. 휘영청 밝은 달이 중천으로 떠오르고 사방이 고요한데 대금의 청아한 소리가 세상의 근심을 잠재우는 듯하다. 신라 만파식적이 나라의 근심을 잠재우고 백성들의 아픔을 어루만졌다던 전설이 깨어나는 듯한 착각에 빠진다.

외양은 이미 말라가고 봄은 실패없는 모의謀議에 익숙한 배후라면 난,
사후를 예견할 수 없는 지금을 꽃이라 부를까

하산길의 전설 ……

'삼화령', 간판이 있는 도로 위쪽 능선에는 지름 2m에 이르는 연꽃이 새겨진 연화대좌가 있다. 연화대좌에서 바라보면 동해 끝자락으로 이어지는 무궁무진 넓게 펼쳐지는 바다 풍경이 눈을 시원하게 한다.

신라 선덕여왕 때 도중사라는 절에 생의 스님이 살고 있었다. 어느 날 밤에 늙은 스님이 찾아와 생의 스님을 데리고 남산에 올라 풀을 묶어 위치를 표시하면서 "이곳에 내가 묻혀 있으니 스님이 나를 파내어 고개 위에 편안하게 있게 해 주시오"라고 말했다. 생의 스님이 그렇게 하겠다고 약속하고 나니 꿈이었다. 일어나 꿈속의 장소로 가보니 꿈속 그대로 풀이 묶여있었다. 땅을 파보니 돌미륵상이 나왔다. 생의 스님은 돌부처를 삼화령에 모시고 절을 지었다. 생의 스님이 세상을 떠나고 사람들은 그 절을 '생의사'라고 불렀다.

경주남산연구소 김구석 소장은 생의사에 이어 충담스님 이야기를 눈을 지그시 감은 채 암송으로 풀어 놓는다. 경덕왕이 안민가를 받아보고 감탄하여 충담 스님을 국사로 모시려 했지만 충담은 주섬주섬 짐을 챙겨 절을 올리고 "중이 할 일은 따로 있습니다"라며 사양하고 떠났다.

탐방객들은 저마다 충담의 안민가를 머리로 재해석하며 현실의 정치세계와 접목하기 바쁘다. 조심조심 하산하는 길이 한 시간도 더 걸린다. 다시 백일홍이 달빛과 가로등불을 맞아 붉게 마중하는 출발점인 서출지에 이르러 탐방객들은 충담 스님이 왕 앞에서 사라지듯 뿔뿔이 어둠속으로 흩어져 간다.

▶ 늠비봉

신라 달빛기행 ......

신라 달빛기행은 낮의 경주는 물론 밤의 경주도 함께 감상하며 경주를 200% 즐길 수 있는 프로그램이다.

신라달빛기행은 매월 첫째 주 토요일에 진행된다. 경주를 찾는 대부분 관광객들이 신라천년의 정취를 느끼기 위해 어디를 갈지, 무엇을 체험할지 하는 고민을 단번에 해결해 준다.

신라 천년의 야사문화를 낮과 밤 경주 200% 즐기기라는 테마로 오후 3시 서야서원에 집결해 인원점검이 끝나면 본격적으로 프로그램이 진행된다. 먼저 신라 화랑들이 입던 웃음으로 갈아입고, 신라문화에 젖어본다. 전통 한복을 차려입은 경주의 자문화단체에서 선발된 도우미들이 전통차를 우려내고 마시는 문화를 시연하면서 다도문화를 전해준다.

금장대 연등축제

당신의 궤도 속에 들고 싶어요. 말들의 궤적을 걷고 싶어요.
길은 누구에게나 열려있지만 방향을 알려주는 건 당신 몫이죠.
잠든 귀를 깨우는 동안 내 눈은 당신의 그림자, 침묵의 소릴 쫓고 있죠.

마디로 재단할 수 없는 것들이 갈수록 넘쳐나 통으로 사라진 오늘, 입구를 찾지 못한다면 출구를 기억할 수 없듯 도무지 이 미로를 빠져나갈 수 없다 접었다 폈다 늘였다 줄였다 굳지 않고 유연한 마디를 위해 오늘, 어제도 내일도 이 마디 안에서 길을 재고 있는 난.

이별 이전에 그리움은 이미 시작된다네 이별 후의 사랑까지 사랑이라네

지금이라 말하는 순간 이미 지금이 아니어서 난 깨어있어도 잠든 거라네

봄을 타전하다

글·그림 - 이령

우수雨水 지나 바야흐로 봄이다. 눈이 녹아 비와 물이 된다는 목왕木旺의 계절, 산천초목 우주만물이 기력의 섭생을 꿈꾸며 깨어난다. 겨울을 뚫고 생명을 피워내니 누구나 가장 환영하는 계절임에는 틀림없겠다. 세설世說이 묻어나던 바람의 발톱이 우듬지에 숨었는지 이맘때면 영춘화 꽃망울도 빼꼼히 눈인사를 건넨다.

봄이 기다려지는 것은 꽃의 외양만을 보고자 하는 것이 아니라 겨울을 밀어내고 마침내 꽃을 피워내는 불굴의 인내, 그 향기 때문이겠지. "Spring is the time of plans and projects" 라고 톨스토이는 말했다. 계절의 변화는 단순히 자연의 이치에 그치는 것이 아니라 우주 만물의 일부분인 인간에게 그 순리를 따르도록 무언의 가르침을 온 몸으로 전하고 있다.

세밀한 몸짓과 내면의 가르침에 귀 기울일 수 있다면 그는 지혜로운 인간이다. 누군가는 자신의 길을 가고 또 누군가는 곁길을 걷기도 하며 순간순간 자신이 가고자 했던 길을 흘깃할 것이며 또 누군가는 아주 먼 곳을 돌아 헤매다가 그 길의 존재 자체도 잊고 있을지도 모른다. 이러한 감성적이고 이성적인 감개에 우리는 무심하거나 혹은 놓치고 살아간다. 세속적 삶의 현장으로 달려가야 하는 마음의 짐이 너무 무거운 까닭이다. 엄청난 입시경쟁에 내몰리고 취업난에 결혼까지 포기하는 현대의 젊은이들에게 자연의 순리를 따르라고 하는 것이 어쩌면 현실을 간과하는 안이함으로 비춰질 수도 있다. 그러나 지금 우리에겐 현실과 유리된 이상의 세계, 동전의 양면을 뒤집어보며 나를 찾는 노력이 절실하다. 아직도 속에서 일렁이는 충동의 물결이 남아 있다면 방황의 순간조차 돌이켜보며 그 의미를 되새겨야 할 계절이 아닐까?

가장 가혹한 겨울과 가장 활기찬 봄의 경계에서 생각한다. 시련과 성공적인 삶의 상관성에 대해 생각한다. 겨울의 혹독함은 내면에 숨겨진 거대한 열망, 자신을 둘러싼 사회적 관계성에 매몰되어 온전히 자신일 수만은 없는 고뇌를 표상하는 것이며 봄의 생명성은 이러한 삶의 비애를 극복하는 희망의 표상이 아닐까 리비도와 타나토스가 대척 관계가 아닌 마치 동전의 양면으로 설명되는 것처럼 이미 내 것인 것과 내 것이 아닌 것, 그러나 원칙적으로는 나의 것일 수밖에 없는 시원의 어떤 물음에 대한 천착들이 스믈거리는 계절이다. 그러니 자연의 순리 변화, 봄의 시작점에서 우리는 새로움에 대한 열정과 순한 의지를 배워야 하겠다.

영화 <주토피아>의 ost 'try everything'에 이런 가사가 있다. 좌절하지 않을 거야 포기하지 않을 거야 끝을 보고서 다시 시작하는 거야 다시 일어서서 앞을 바라봐 아무도 실패 없이 배울 수는 없는 걸 새들은 저절로 날지 않아 떨어졌다 다시 오르는 거야 아무도 실패 없이 배울 수는 없는걸. 그렇다. 혹한을 이겨내고 희망을 피워내는 나무들에게 배워야 한다. 떨어진 낙엽이 새로운 새싹의 거름이 된다. 즉 현생의 궤적이 후생을 결정하는 것이다. 호라티우스의 'Carpe Diem, Memento mori' 현재를 즐기되 곧 죽음이 다가옴을 기억해야 한다 라는 라틴어 시 한구절도 같은 맥락의 깨달음을 던져주는 것이다. 현실에 매몰되지 말고 극복의 의지를 일으켜 새로움으로 나아가야 한다. 우리는 고난이 없는 성공은 있을 수 없다는 것을 온몸으로 밀고 가는 봄의 세밀한 가르침에 마음을 열고 경청해야 한다.

명경 같은 연못물에 댓닢 배 띄운다. 이별은 사랑이선에 시작된다네. 망각이 없다면 사랑이 이토록 시리도록 아름답다 할 수 있을까. 이곳의 물도 달도 기우나니 차오르는구나!

  돌확 틈에 도리질치는 물거품
'나는 바람 속에 칼을 묻을 것이다' 태평성대 염원을 타고
인간人間 시간時間 공간空間이 잘 버무려진 곳
바람이 물거울을 와장창 깨고 간다.
사랑이 사라지듯 천존고가 열리듯

기러기 무장무장 내려앉아 옛사랑을 지우려듦을,
이별은 분명 간間이었네.

이령 시인의 삼국유사 대서사시 사랑편
월지와 재매정에서 〈중략〉

　움트는 소리, 화르륵화르륵, 수 만 가지 말씀들이 피어나는 저 소리, 살가워라살가워라, 사람들의 기도소리. 아니 신들의 숨결. 싸리나무 물오르듯 적막하고도 농하다. 귓바퀴 감도는 은밀한 기척이요, 스미는 소리들은 하나하나 달디 단 감로수이건만, 적막이 하도 고와 적막에 매혹된 나는, 이생을 파破 하지 못한다면 신을 만날 수 있을까

　오종수를 마시니 오색 꽃 흐드러지고 근동 스무 마실 꽃불경전 그윽하다.
　여인들, 꽃이 되기 위해 꽃에 드니 곳곳이 화평이요 사랑이구나!
　나비들 날아드니 약사전 헌다벽화가 벌떡 일어서고 화용미소 비로자나불 가부좌가 쓰르륵 풀리자 산비알 차나무도 흠칫 놀라 움트는 곳, 바로 사람의 마을이 신비경이라는 걸까?

이령 시인의 삼국유사 대서사시 사랑편
기림사에서 〈중략〉

| 경주문화탐방 |

"시간을 말아쥔 역사의 고장 경주"

경주 국립 공원

역사의 보고 경주, 망라사방 덕업일신! 새롭게 피어나라!

경주국립공원은 우리나라에서 유일하게 사적형 국립공원으로 수려한 자연경관과 더불어 이색적인 문화체험코스로 인기가 높다. 불국사와 석굴암이 있는 토함산지구, 노천박물관으로 불리는 남산지구, 문무왕의 수중릉이 있는 대본지구로 나누어 1968년 12월 31일 지정돼 50년의 역사를 넘기고 있다. 소금강, 화랑, 서악, 단석산지구는 1971년, 구미산지구는 1974년에 추가 지정되어 모두 8개지구로 경주 전체가 국립공원으로 조성되어 있다는 느낌이다.

경주가 문화재로 뒤덮여 있는 도시인만큼 경주국립공원에도 국보 12점, 보물 27점, 사적 9개소, 천연기념물 5점, 시도지정문화재 22건 등 75건의 지정문화재가 있다. 비지정문화재 148점을 포함하면 모두 223점의 문화재가 공원 곳곳에 산재해 방문객들을 반긴다. 경주국립공원은 문화재를 포함 다양한 자연자원이 수려한 풍광을 자랑하고 있다. 더불어 하늘다람쥐를 비롯한 멸종위기 동식물 21종과 2천330여종의 동식물이 자생하고 있다.

2008년 국가관리체계에서 공원관리전문기관인 국립공원관리공단으로 이관돼 경주국립공원사무소가 관리하고 있다. 경주보문단지에 공원사무소를 설립하고, 토함산과 남산, 건천분소 등 3개소에 분소를 설치해 모두 80여명의 각계 전문인력이 관리하고 있다. 공원사무소는 국립공원의 문화재는 물론 생물자원에 대해서도 조사 모니터링하고 있다. 공원 내 멸종위기종을 보호관리하는 한편 외래식물 퇴치활동도 지속적으로 전개하고 있다. 이어 안전하고 편리한 공원 탐방을 위해 안전시설과 각종 편의시설을 보완 설치하는 업무도 병행하고 있다.

역사문화자원과 아름다운 자연환경을 자랑하는 경주국립공원을 방문하는 연인원이 2천만명에 육박하고 있다. 경주국립공원은 경주국립공원사무소는 물론 경주문화원, 경주남산연구소, 신라문화원 등의 공공기관과 단체, 개인 해설사들이 탐방코스를 안내하며 체험학습, 역사문화교육 등의 프로그램을 진행하고 있다.

토함산지구

경주의 동쪽을 둘러싸고 있는 토함산은 해발 746m 높이로 경주에서 단석산 다음으로 높은 위치다. 신라인의 얼이 깃든 영산으로 동악이라 불렸다. 신라 5대 명산 중에 하나로 손꼽히기도 한다. 예부터 호국의 진산으로 신성시되어온 산이기도 하다. 여기에는 세계문화유산으로 등록된 불국사와 석굴암이 위치해 있다. 특히 해맞이 명소로 연말연시 동절기에도 찾는 발길이 끊이지 않는다.

남산지구

경주 남산은 신라시대 궁궐의 남쪽에 위치해 그렇게 불린다. 남산은 이미 세계적으로 알려져 중국과 일본은 물론 영국, 프랑스 등 외국인 탐방객들이 줄을 잇는다. 남산은 국보 칠불암 불상군을 포함 118구의 불상과 석탑 96기가 있다. 절터도 147개소나 발견되고 있다. 남산은 신라시대 불국토였다. 산 전체가 신앙터로 신성시 되었다. 남산은 금오봉과 고위봉 두 봉우리에서 뻗어내린 60여 계곡을 따라 절경이 연출되고 있다. 남산은 동서로 4km, 남북으로 8km의 타원형으로 형성된 화강암으로 이루어진 산이다. 남산에 오르지 않고는 경주를 보았다고 말하지 말라는 말이 있듯 남산은 경주를 대표하는 명산이자, 세계문화유산으로 등록된 세계인의 문화자산이다.

서악지구

경주의 서쪽 선도산은 해발 380m 낮은 산이다. 선도산은 신라 건국설화와 관련된 성모설화가 전해온다. 또 삼국통일의 기반을 마련한 태종무열왕의 묘가 서악지구의 중심을 이루고 있다. 서악고분군이 무열왕릉 뒤로 나란히 늘어 서 있고, 진흥왕릉과 진지왕릉 등의 고분이 작은 언덕을 이루고 있다. 이 때문에 쉰등마을로 불리기도 한다. 산 정상부에는 산성의 흔적이 있고 대형 마애삼존불이 있다. 서악동 삼층석탑을 둘러싼 작약과 구절초는 환상적으로 포토존이 된다. 신라문화원이 펼치는 작은 음악회로 역사문화가 더욱 빛난다.

소금강지구

소금강산은 신라 오악 가운데 하나로 북악으로 불렸다. 원조 금강산이지만 최근 소금강산으로 바꾸어 부른다. 높이는 낮지만 경주시내를 한눈에 조망할 수 있다. 신라 불교를 공인하게 된 이차돈의 순교 이래 이곳은 불교의 성지이자 성스러운 공간으로 전해진다. 법흥왕 때 이차돈의 죽음을 기리며 건립한 전통사찰 백률사와 큰 바위 4면에 불상이 새겨진 굴불사지석불상, 탈해왕릉, 표암 등의 신라건국기의 역사현장을 두루 볼 수 있다.

단석산지구

단석산은 경주시 건천읍과 산내면을 경계로 해발 827m 높이로 경주지역에서 가장 높은 산이다. 신라시대에는 중악이라 부르며 성스럽게 여긴 지역이다. 경주로 들어서는 길목이어서 군사요충지로 활용되었다. 신라 화랑들은 심신을 수련하기 위해 단석산을 즐겨 찾았다. 화랑 출신의 명장이자 삼국통일의 주역으로 알려진 김유신 장군도 단석산에서 무예를 연마한 것으로 전해지고 있다. 김유신 장군이 무예를 연마하면서 바위를 갈랐다는 일화가 전해지면서 산의 이름도 '단석산'으로 불리고 있다. 신라 7세기 전반기 불상양식을 보여주는 국보 제199호로 지정된 신선사마애불상군이 있어 탐방객들이 많이 찾는 곳이다.

화랑지구

화랑지구에는 신라의 명장 김유신 장군의 묘가 있다. 김유신 장군의 묘는 사적지 제21호로 지정 관리되고 있다. 송화산 줄기가 동쪽으로 뻗은 전망이 좋은 지역이다. 울창한 소나무 숲 속에 비석과 12지신상이 새겨진 호석으로 에워싼 김유신장군 묘는 어느 왕릉에 견주어도 손색이 없는 화려한 모습이다.

구미산지구

구미산은 경주시내에서 북서쪽으로 10㎞ 정도 떨어진 현곡면 가정리에 있다. 해발 594m 높이의 비교적 나지막한 산이다. 천도교의 창시자인 수운 최제우의 생가터와 묘가 있고, 그가 도를 깨우쳤다는 용담정이 있다. 인내천사상을 깨치고 이를 집대성한 용담유사를 지은 용담정은 현재 천도교의 성지이자 수도원으로 그의 정신을 추모하는 많은 이들이 찾고 있다.

대본지구

대본지구는 경주국립공원 8개 지구 가운데 유일하게 바다와 접하고 있다. 삼국통일을 달성한 문무대왕릉과 신문왕이 아버지 문무왕의 업적을 추모하기 위해 만든 감은사지에 동서탑이 있다. 문무왕이 용으로 변하여 하늘로 오르는 모습을 보았다고 전해지는 이견대와 매년 해맞이 인파가 몰려드는 문무대왕릉 앞 해변은 경주를 찾는 탐방객들에게 빠질 수 없는 여행코스다.

지상에선 표정을 담지 않으면 살아날 수 없다는 걸 믿는 동안
길을 헤메었답니다. 막힌 귀를 달고는 신전에 들 수 없어요.

신이 자신의 형상으로 만들지 못한 유일한 피조물,
머리엔 모자가 없어 우린 사람으로 태어나는 것이 아니라 사람이 된다

길을 쫓는 건 눈이 아니라 귀를 여는 거였죠
당신의 무늬 속에 내가 베껴지는 동안 빛의 소리가 들리는 것만 같아요

하늘의 구름 꽃, 별빛 양초, 바람의 꼬리 음표 모두모아
당신의 신전에 헌납하고 싶어요.

구부린 등

글 · 이원주

땅 속 생명들 품어 안은 등 언제나 포복자세다

이른 봄 숲의 문고리를 잡고 있는 잡목들 눈빛이 비장하다 마른 체구의 소나무들 일렬로 서서 영역을 사수해야 한다는 암묵적 담합

6.25 한국전쟁 피난길에서 포탄이 비처럼 쏟아질 때면 어머니의 어머니는 언덕 아래로 자식들을 밀어 넣고 자신의 몸을 그 위에 포개었다고 한다

가지 끝으로 수액을 보내야 하는 나무의 등 수없이 비틀고 꿈틀거리다 천천히 직립의 높이를 버리고 궁륭穹窿을 만들고 마침내 말랑한 심장을 들여 놓았다

낙타등, 거북이등, 무당벌레등 등

낡은 신발 신은 시간들이 두터운 손으로 들숨날숨 지은 집, 아침이면 햇살이 창문을 두드리고 저녁이면 노을이 미끄럼 타는

등, 엎드려 밥처럼 부풀어오른다

무심코 내디딘 발밑이 푹신하다

꽃을 연모합니다. 그 뜨거움에 오래 눈을 두면
이 숲포게도 억눌러든 피의 숫구침이 찬란한 슬픔을 게워냅니다.
꽃은 빛과 빛의 빚음입니다.

전봇대의 애자(碍子)가 되어 깃털을 말리는 날
저 아래 젖무덤이 내 눈물 같은 빗방울을 털어내고 있다
볏가리처럼 쌓인 천관녀의 해묵은 기다림일까

새가 되고 싶다
저자거리의 소리들이 왁자하다
이편저편, 어디에도 너는 있고 나는 없다

나는 듣지 못하니 자유롭다
아니 듣지 않으려고 날개가 있지!

아니다
날개가 있다한들,
그대에게 닿지 못하니
나, 더는 자유가 아니다

구속되고 싶은 유일한 자유, 그것이 사랑이라면
나, 그 날개 실연의 기억을 여미지 못하니

이령 시인의 삼국유사 대서사시 사랑편
왕릉 '天馬 다시 날다展'가는 길 〈중략〉

첫눈처럼 부서지는 햇살아래 옹기종기 모여 앉은 등성이와 마실!

경주시 서악동 선도산 아래 있는 자연부락을 쉰등마을이라 부른다. 쉰등은 쉰 개의 높은 고개, 왕릉과 같은 고분이 50기나 된다고 하여 붙여진 이름이다. 선도산 자락은 마을이 자리하고 있는 밭뿌리부터 작은 동산으로 울룩불룩 하다.

서악은 서쪽의 산이다. 라시대 왕궁이 있었던 곳을 중심으로 서쪽 방향에 있는 산이다. 서쪽은 해가 지는 곳, 죽음의 장소를 뜻하기도 한다. 서방정토라는 말이 방향에서 비롯되었다면 서악도 같은 의미일 것이다. 쉰등마을은 서악의 상당부분을 차지하고 있다. 신라왕들의 이름표를 내건 왕릉들이 즐비하고, 왕릉급의 고분 30여기가 군락을 이루고 있는 마을이다.

쉰등마을 사람들은 고분 옆에 삶의 둥지를 틀고 있다. 예로부터 높은 고분이 시가지 중심에 위치해 있고, 고분 주변에 집을 짓고 살던 경주사람들의 정서는 고분을 무덤이라기보다 삶의 일부분으로 자연스럽게 받아들여지고 있다.

최근에는 문화재를 사랑하는 사람들이 고분군이 있는 문화사적지를 정비하고 가꾸면서 방문객들이 부쩍 늘어나고 있다.

마을 뒤로 우거진 대나무를 7년간 지속적으로 제거하면서 보이지 않던 고분이 여기저기에서 모습을 드러내고 있다. 지난해에는 고분이 3기나 추가로 발견됐다. 지금은 뚜렷한 봉분으로 모습을 드러내고 있다.

입구의 무열왕릉 뒤로 4기의 왕릉급 고분이 선도산 정상 방향으로 나란히 엎드려 있다. 무열왕릉 앞으로는 김인문 묘와 김양의 묘가 있다. 서악서원과 도봉서당이 지키고 있는 마을 뒤로는 진흥왕릉, 진지왕릉, 문성왕릉, 실성왕릉의 안내표지판을 내건 고분이 있다. 그 주변으로는 얼핏 둘러봐도 20여기의 고분들이 이웃해 있다.

오래된 미래에 들다 **쉰등마을**

쉰등마을

서악동 삼층석탑 주변은 9월부터 11월까지 하얗게 소금바다를 이룬다. 신라문화원 문화재돌봄사업단의 지속적인 문화재 정비 활동이 일구어낸 결과물이다. 내년이면 구절초동산의 면적은 크게 확대된다. 동쪽으로 대나무숲을 베어내고 진달래와 구절초를 심고, 군데군데 벤치를 설치해 쉼터를 조성했다. 없던 산책로가 생겨 방문객들이 하나 둘 늘어나고 있다.

구절초는 구일초(九日草) 또는 선모초(仙母草)라고도 한다. 구절초라는 이름은 음력 9월 9일에 채취해 말리고 약으로 또는 차로 만든다고 하여 구절초라고 이름 지어졌다고 한다. 또 마디가 아홉 개이기 때문에 구절초라는 설, 음력 9월9일 중양절에 아홉 마디가 된다고 해서 구절초라 부른다고도 한다.

구절초는 꽃이 아름다워 관상용으로 가치가 높아 조경용으로도 많이 재배된다. 또한 예로부터 월경 불순, 자궁 냉증, 불임증 등의 부인병에 약으로도 쓰였다.

쉰등마을의 구절초는 문화재와 어우러진 문화관광자원으로 경주지역 경제를 살리는 약초로 피어나고 있다.

매년 구절초가 흐드러지게 필 때쯤이면 구절초동산은 음악소리로 들썩인다. 신라문화원에서 주최하는 구절초음악회가 열린다

"산모퉁이 바로 돌아 송학사 있거늘……" 가수 김태곤이 중장년들을 추억에 젖게 한다. 국악과 난타를 혼합한 퓨전음악이 신명나게 방문객들의 가슴을 마구 두드려 흔들었다.

"부슬부슬 비마저 내리면 울음이 터질 것만 같아/ 그 사람 이름을 되뇌이다 하얗게 지새우는 밤/ 새벽바람에 실려오는 저 멀리 성당의 종소리/ 나 무릎 꿇고 두 손 모아 그를 위해 날 태우리라/ 나의 작은 손에 초나 있어 이밤 불 밝힐 수 있다면……" 가수 이재성이 60이 되어 구절초 잔치에 나타나 다시 7080세대들의 추억에 촛불을 지폈다. 쉰등마을이 해가 지면서 다시 촛불잔치, 구절초잔치로 환하게 밝았다.

조명에 석탑이 하얗게 빛을 반사하면서 구절초와 조화를 이룬다. 때 아니게 고성능 스피커가 메아리를 울리는 음악회로 쉰등속에 잠든 영혼들은 즐거웠을까 아니면 귀찮아 귀를 막았을까 궁금하다. 또 올해 봄에는 작약이 울긋불긋 동산을 덮고 전국 각지의 관광객을 불러모으고 있다.

문화재와 문학을 사랑하는 사람들

언제부턴가 쉰등마을에 문학을 하는 작가들이 하나 둘 모여들어 문학마을이 되고 있다. 경주지역에서는 알아주는 수필가로 손꼽히는 안병태 작가가 공직에서 은퇴하며 도봉서당 앞에 근사하게 한옥을 지어 창작활동으로 제2의 삶을 살고 있다. 또 김일호, 김광희 부부시인도 쉰등마을에 자리잡고 있다. 이들 부부시인은 모두 신춘문예 출신으로 쉰등마을에서 '시인의 뜨락' 민박을 운영하며 문학을 전파하고 있다. 황명강 시인도 춘추관을 지어 크고 작은 문화행사를 주관하며 팬션을 운영해 관광객을 유치한다. 또 경주문학상의 주인공 구영숙, 치자나무 시집을 낸 손영조 시인 등등 경주에서는 잘 나가는 문인 10여명이 거주하면서 이제는 쉰등마을이 문학동네로 불린다.

쉰등마을에 구절초동산을 꾸민 사람은 신라문화원 진병길 원장이다. 진 원장도 쉰등마을 가운데 한옥을 짓고 삶의 터전을 꾸리고 있다. 진병길 원장은 우리나라 문화재돌봄사업의 중심인물이다. 전국 문화재돌봄사업단의 단장을 맡고 있으면서 자신이 살고 있는 마을의 문화재를 돌보는 사업을 게을리 할 턱이 없다. 그는 또 경주문화축제 위원장을 맡아 다양한 문화축제를 상품화하는 중심축의 역할을 담당하고 있다.

진병길 원장은 "경주는 물론 우리나라는 문화재를 정비하고 가꾸어 아름다운 정서를 넉넉하게 공급하면서 산업자원화 해야 된다"고 강조한다. 이러한 맥락에서 그는 문화재돌봄사업단을 꾸려 대나무 숲에 감춰진 쉰등마을을 일구어 문화자원으로 바꾸어 놓았다.

그림·이령

지상에선 표정을 담지 않으면 살아남 수 없다는 걸 믿는 동안 길을 헤매었답니다. 막힌 귀를 닫고는 신전에 들 수 없어요.

신라 왕자로 지장보살이 된 김교각스님을 만나다

불국사에 오른다. 부처님의 세계로 한발짝 다가가는 것이다. 연화교, 칠보교를 지나 곧바로 김교각 스님이 강론을 했다는 무설전으로 향한다.

무설전은 의상대사가 최초로 설법을 한 곳이라 한다. 법당 앞 하늘을 덮은 연등행렬은 설법을 듣기 위해 모여든 중생들의 표정마냥 알록달록 순하다. 무설전 앞에 서서 조심스럽게 법당 안을 들여다본다. 스님이 수도를 했던 구화산 화성사가 그랬던 것처럼 천정이 높고 깊다. 법당에서만 느낄 수 있는 향내음이 마음을 차분하게 해준다.

법당에 모셔진 스님의 동상을 올려다본다. 선이 굵고 둥근 눈썹달 안으로 중생들의 아픔을 담고 어루만졌을 눈빛은 그윽하다. 진리란 말을 통해 나타나는 것이 아니라는 무설의 의미를 설명하듯 입술은 굳게 닫혀있다. 오른손은 지옥문을 깨뜨린다는 석장을 들고 왼손은 어둠을 밝히는 구슬을 들었다. 길게 흘러내린 가사자락 아래로 발가락이 보인다. 그 발로 디뎠을 드넓은 구도의 길을 따라가 본다.

김교각스님은 신라 33대 성덕왕의 아들로 서라벌 궁궐에서 태어났다. 본명은 김중경이며 교각은 법명이다. 18세에 중국으로 보내져 수학하던 중 어머니가 위독하다는 소식을 듣고 신라로 돌아오지만 동생이 태자로 책봉되어 있고 그의 어머니는 이미 폐위된 상태였다. 이러한 상황들이 왕자의 마음을 번민케 했으리라. 결국 왕자라는 신분의 옷을 벗어 던지고 중국으로 고행의 길을 떠났다. 그의 나이 24세였다.

스님이 75년간 수도한 구화산은 중국의 대표적인 지장도량이 되었으며 99세의 나이로 입적할 때까지 스님은 중생구제에 평생을 바쳤다. 입적한 지 3년이 지나도 시신이 썩지 않아 금박을 입혀 등신불을 만들었다. 지장보살의 화신이 된 것이다. 지금도 중국의 4대 불교 성지 중 한 곳인 안휘성 구화산 화성사에는 김교각 스님의 육신불이 있다. 김동리 소설 '등신불'은 바로 김교각을 배경으로 하고 있다. 조선시대에 와서 매월당 김시습이 죽은 지 3년이 되어도 시체가 썩지 않고 성불했다는 기록이 있는데 이 또한 교각스님의 일화를 배경으로 한 것이란 설이 있다.

불문이 쓸쓸하여 집 생각하더니
절방을 하직하고 구화산을 떠나는구나.
난간에 기대어 죽마 타던 어린 시절 그리워하던 너
금 같은 불도의 땅도 너를 붙잡지 못하는구나.
병에 보탤 시냇물에 달을 부르지 말라.
차 달이는 병에서는 꽃 즐기기 쉬웠구나.
서운해 눈물 흘리지 말고 잘 가거라.
노승은 안개와 노을을 벗하리라.

사찰생활을 견디지 못하고 고향으로 돌아가는 동자승을 바라보며 김교각스님이 지은 시 '송동자하산(送童子下山)'이다. 평생을 고향산천을 등지고 살아온 노승의 마음이 이 한 수의 시에 잘 담겨있다.

스님이 수도를 하던 월신보전 출입구인 북쪽 99계단은 평소 김교각 스님이 사용하던 문이다. 남쪽 문을 두고 굳이 북쪽 문만 사용했던 깊은 뜻은 구화산에서 바라보면 신라가 북쪽에 있기 때문이라고 한다. 지장보살이 된 큰 스님도 여느 중생과 마찬가지로 고향산천을 그리워했던 것이다.

부처님께서 미래의 미륵불이 오기 전까지 중생구제를 하라는 것이 지장보살 신앙이라 한다. 지장보살은 지옥이 빌 때까지 성불하지 않겠다는 것을 서원하고 있다. 모든 출가자의 목표가 깨쳐서 부처가 되는 것이라면 이것은 엄청난 자기희생의 길이며 진정한 구도자의 자세가 아닐까 생각해본다.

한중 양국 불교계는 2007년 수교 15주년을 기념하여 김교각 스님 입상을 제작하여 안후이성 츠저우시 주화산(구화산) 육신보탑에서 '김교각 지장보살 한국 봉안'을 위한 공송법회를 봉행하였다. 다음날 이 불상은 한국으로 운송되어 서울시 삼성동 봉은사에서 '김교각 지장왕보살 입상 한국 봉안 한중합동법회'가 개최되었다. 2009년 다시 동국대학교 경주캠퍼스 100주년 기념관에 모셔졌다. 김교각 지장보살이 1,300년 만에 고향땅을 밟은 것이다.

"1200년이 지나 그때 고국의 사람들이 나를 부르러 올 것이다"고 스님이 남긴 유언처럼 스님의 고향에 대한 염원이 1,300년이 지난 지금 중국을 건너 우리에게 전해지고 있는 것인지 모른다. 경북도와 경주시는 지장보살 김교각스님을 통해서 중국인들에게 경북관광 인지도를 높이고, 중국 내 불교신자를 비롯한 관광객 유치에 힘쓰고 있다고 한다. 스님의 제자들이 화성사에 문전성시를 이루던 그 광경이 지금의 경주에 다시 재현되는 걸 꿈꿔본다.

글 · 이원주

황리단길

경주문화의 탁란, 황리단길에 들다
천마가 능을 뚫고 내달리는 서라벌의 비상

최근 경주 문화의 핫 플레이스를 꼽는다면 단연코 황리단길이다. 서울의 경리단길과 비견된다. 대릉원 돌담길 너머 유려한 능선과 닿아 미끄러지듯 펼쳐지는 관광객들의 도란소란으로 경주는 지금 탁란 중이다.

지금까지 경주의 역사 문화적 인프라는 세계적인데 반해 관광 산업화 실용방안은 다소 미비했음을 부인할 수 없다. 고대 왕국의 더께를 밀어내고 새로운 문화태동의 싹이 발아되고 있으니 더없이 반가운 일이다.

보여 주기식의 역사기행, 관광에 그치지 않고 방문객들과 직접 소통하고 더불어 고도의 문화를 향유함으로써 참여적 관광으로 접목, 발전된 모습을 보여주고 있는 최근 황리단길의 생동하는 풍광은 노후 된 역사도시의 가치를 재조명하고 그 품격을 더 높이리라 기대가 크다.

황리단길은 신구의 문화가 융합되어 그것을 즐기고 향유하는 젊은 층을 중심으로 페이스북, 트위터, 인스타그램 등 다양한 온라인 매체를 통해 급속하게 알려지고 있다. 과거 퇴락한 술집과 점집들이 즐비하던 남루의 골목이 오늘날과 같이 생동감 넘치는 장소로 변모한 것은 경주 시민은 물론 행정기관의 우리 문화에 대한 사실과 해석으로서의 역사인식을 조화롭게 융합하고 신라천년 고도의 전통미와 젊은 창작자들의 감각이 어우러져 현대적 미가 공존하는 장소로 기획, 발전시켰기 때문일 것이다. 이런 문화부활의 기저는 단순히 기존의 전통을 전복시키는 것이 아니라 전통의 기품위에 현대적 새로움을 접목시켰기에 가능한 것이다. 지금 황리단길은 온고지신의 고마운 비약이 일렁이고 있다. 고여 있는 물에선 생명이 숨 쉴 수 없으나 시대의 흐름에 부합하는 여울물에선 기대와 다짐이 돋을 새겨지는 법이다.

종합 작품 판매의 플랫폼 역할을 하는 각양각색의 상점들과 대릉원 돌담길을 따라 속속 들어선 진기한 먹거리 볼거리 가게들이 방문객들의 시선을 사로잡고 있다. 황리단길을 방문하기 위한 목적으로 경주를 찾는다는 말이 나올 만큼 주중은 물론 특히 주말이면 이곳에 위치한 상점 곳곳에 젊은 여행객들로 북적이고 있다.

그간 관광특구 고도제한에 묶여 개발이 제한되었기에 생산요소는 전무하다시피 했던 단층의 전통구옥들이 지금은 신세대들의 눈높이에 맞춰 유니크하게 리모델링되면서 유행하는 소위 편집숍화의 형태로 변모하고 있다. 계층별 입맛을 겨냥한 식당들이 기존 상식의 틀을 깨고 벽을 헐어 손님을 직접 맞이하고 경주 느낌이 물씬 나는 기념품을 판매하는 상점들의 면면이 새로운 문화의 상시전시장을 방불케 하면서 내국인은 물론 외국인까지 문전성시를 이루는 것이다.

관광객들의 표정에서 흥겨움이 그득하다. 친구, 연인, 가족들이 삼삼오오 이야기꽃을 피우며 줄 서 기다리는 모습은 다채롭고 싱그럽다. 대나무 간판을 세우고 늘어서 있던 점집들과 낡고 초라하던 주점들은 거의 사라지고 추억을 소환하는 흑백사진관이며 아기자기한 소품가게들이 늘어나면서 살아있는 관광 신풍속도를 자아내고 있다. 바야흐로 새로운 문화의 태동이 일고 있는 것이다. 유려한 능선과 이어지는 진기한 가게들, 그 안의 풍경을 수놓는 관광객들의 다채로운 표정과 이야기 소리로 시간을 말아 쥐고 침잠했던 신라천년의 고분군이 들썩이고 있다. 고분 안에 잠들어 있던 역사유적의 힘이 황리단길의 젊은 생기와 닿아 태동하고 있다.

경상북도 경주시 황남동에 위치한 도로이다. 경주의 황남동과 서울의 경리단길이 합성되면서 만들어진 신도로명이다. 경주고속버스, 시외버스터미널에서 도보로 10분 거리에 위치한 봉황대 프리마켓거리를 지나 내남네거리로 이어지는 골목이다. 일대는 대릉원, 첨성대, 안압지, 반월성등 주요사적지와 인접해있어 높이 10m이상의 건물을 지을 수 없는 고도제한구역으로 지정된 곳이다. 단층의 건물들이 오밀조밀 밀집되어 있다. 대릉원을 왼쪽으로 끼고 황남파출소를 지나 황남초등학교 네거리까지 편도 1차선이 메인도로다. 최근 경주의 핫플레이스로 부상되면서 대릉원 돌담길에서 황남 한옥마을 안길까지 상가들이 봄날 들불 번지듯 확산되고 있다.

황남빵, 우리밀 빵가게, 카페, 아이스크림가게, 한복 대여점, 사진관, 서점, 기념품가게, 퓨전요리점 등이 다채롭게 들어서 있어 마치 하나의 문화 아이시(전자회로 소자의 결합체) 같다. 따라서 경주의 문화를 느끼고 향유하고자 방문한 관광객들은 이 골목을 들어서는 순간부터 경주문화전시장의 전율을 온몸으로 체험하게 된다. 또한 상점들이 오픈숍의 형태를 하고 있어 접근성이 용이하고 대부분의 가게들이 줄서 기다리는 관광객들의 편의를 위해 쉼터 여유 공간을 마련하고 있어 그야말로 경주역사지의 전파가 집결된 나들목이라 할 만하다.

기대와 흥겨움을 품고 골목골목 벼름벼름 들어가 본다. 먼저 다양한 먹거리 가게들이 손님을 맞이하고 있는데 원조와 퓨전의 조화가 일면 생경하기도 하거니와 일면 신선하다. 원조의 기준이 무엇인가? 퓨전은 보기엔 좋지만 이도저도 아닌 맛은 아닌가? 나와 타인이 어울렁 더울렁 사는 동안 나를 주입하고 너를 받아들이면서 과연 서로의 맛과 멋을 얼마나 조화롭게 부리고 있는가? 하는 생각을 한다.

너도나도 원조를 자청하는 '황남빵'가게들을 지나면 전통가옥의 서까래를 그대로 노출한 인테리어로 눈길을 끄는 브런치카페 '노르딕'을 필두로 신세대들의 입맛을 겨냥한 커피전문점, 아이스크림가게 '사시스세소' '987피자' '시즈닝' '첨성대김밥' '별봉', '도넛베이커리', '대화맥주', '버거D', '홀림목' 등의 먹거리 가게들과 매 주 메뉴를 바꾸는 가정식 퓨전한식당 '홍앤리식탁'까지가 이 골목의 초입으로 황리단길의 전체적인 분위기를 짐작케 한다.

먹거리 가게를 지나면 '공주마마' '한복나드리' '한복판' '마실' 등의 한복대여점들이 관광객의 호기심을 자극한다. 한복대여시 머리핀, 장신구, 신발등을 무료로 이용할 수 있어 특히 젊은 연인들에게 인기가 많다. 전통한복의 단점을 보완한 개량한복이 주로 대여된다. 일부에서 전통한복의 미를 왜곡, 훼손한다는 점에서 우려의 목소리도 있지만 전통의 맥은 지키되 편의성을 보완함으로써 이용자들이 늘어나고 있으니 반길 일이 아닌가?

한복대여점을 돌아 나오면 이색간판을 건 서점들이 위치해 있다. '어서어서'는 '어디에서나 있는 서점, 어디에도 없는 서점'이라는 기치아래 독립출판물을 취급한다. 책을 구매하면 〈읽는 약〉이라고 쓰여 있는 약 봉투에 책을 포장해준다. 과연 책은 영혼의 양식을 채워주는 약인 것은 분명하니 주인장의 책을 대하는 장인정신에 탄복하지 않을 수 없다. 서점 '지나가다'는 젊은 층이 선호하는 가수의 초청음악회 이벤트를 열고 방문객들을 불러 모으고 있다. 서점의 본질을 상회하는 경영으로 새로운 편집숍의 면모를 유감없이 보여주고 있는 것이다. 새로움을 창조하는 실천정신은 말 그대로 '누구나 가지고 있으나 아무나 가질 수는 없는' 것이겠다. 이런 신선한 아이디어와 시도로 서점이 먹거리 볼거리 전시장의 주요한 장소로 부각된다는 것은 문화전시장으로써의 의미가 크다 생각한다.

한복을 입고 서점에서 '읽는 약'을 처방 받은 방문객들은 이 순간, 추억을 저장할 곳이 필요하다. 바로 '인생네컷' '대릉원흑백사진관' '그때 그 사진관'등 저마다의 특색으로 사진을 찍을 수 있는 곳들이 위치해 있다. '역사란 과거와 현재의 끊임없는 대화'라 했던가? 이곳을 방문하는 방문객들의 표정에서 과거에 머무르지 않고 역사가 박재된 장소를 배경으로 현재를 지극하게 살아가는 시간의 대화를 엿볼 수 있었다. 이쯤에선 먹거리로만 배가 부른 것은 아니어서 저마다의 추억곳간을 나오는 방문객들의 표정은 여지없이 넉넉해진다.

배도 부르고 머릿속도 그득 찼으니 잠시 쉬어가기로 한다. 'No Words 카페'에서 분주하던 발걸음을 잠시 접고 깊은 커피 맛에 빠져보는 것도 색다른 경험이다. 상호 명처럼 말이 필요 없는 이곳에서 창밖으로 보이는 여행객들의 눈빛과 마주하게 된다면 말 너머의 말과 역사 너머의 역사에 취하게 된다.

수제 핫도그를 파는 '알로핫' 디저트카페 '시노레몬' 직접 만든 소스와 키운 닭의 유정란을 사용하는 '에그샌드위치' 양식집 '리한' 시원한 호프와 다양한 안주를 선보이는 '창고1069' 양식점 '엉클레빗' 퓨전 한정식집 '또바기' 로스터리 동경' '미실' '아덴' 등 어느 곳 하나 허투루 지나칠 수 없는 음식점들이 줄지어 있다. 시간 여행지답게 지금 황리단길의 많은 상점들은 이처럼 신구의 조화가 간판에서부터 메뉴에 이르기까지 다채롭고 신선하다.

　이곳의 감흥을 혼자만 가슴에 담고 가기엔 아쉬우리라. 두고 온 인연들에게 이곳만의 정서가 담긴 작은 선물을 하고 싶어진다. 경주를 닮고, 경주를 담은 기념품을 판매하는 '배리삼릉공원'으로 발길이 닿는다.

　엽서와 소품, 경주 느낌이 물씬 나는 기념품과 와펜, 첨성대와 학, 동궁과 월지, 거북이 등 익숙하지만 독특한 이곳의 상품은 내국인보다 외국인에게 더 인기가 있다. 이곳에서 판매하는 상품들을 보고 있자니 '가장 한국적인 것이 가장 세계적이다'라는 말이 실감난다. 메인도로를 지나 옆길에 발길이 닿는다.

　황리단길의 동쪽은 대릉원 담장과 경계를 이루고 있다. 다채롭지만 시끌벅적한 메인도로에서 벗어나 다소 소담스러움과 여유를 느끼고 싶다면 동쪽 길을 권한다. 아직은 예전 황리당길의 고풍스러움이 많이 남아 있어 추억을 소환하기엔 더없이 좋은 길이다. 이곳에 들면 아무나가 누구나가 될 것 같은 정겨움이 있고 담장에 낀 솔이끼며 우산이끼, 지붕에 핀 와송도 반갑게 수인사를 건넨다.

　한옥 처마에 걸터앉은 구름이 신라의 미소로 눈인사를 건넨다. 이 길을 스치는 인연끼리 고분의 둥근 능선과 닿은 눈빛을 교환하다보면 누구라도 친구가 되는 길이다. 오래전부터 경주출신 예인들의 아지트였던 한정식집 '도솔마을'이 위치하고 있다. 이 식당의 주인장 이상복씨는 수입의 일정부분을 사회에 환원하는 것으로 지역인들의 귀감이기도 하다. 도솔마을 뒤편으로 이어지는 길에는 '금슬채' '황남관' '소설재' 등의 이름을 내건 고급펜션과 민박집들이 들어서 있다. 관광객들에게 신개념의 숙소로 각인되고 있는 곳이다.

　'마실(마시고 놀자)' '황남상회' 등의 간판도 눈길을 끈다. 천냥으로 토정비결운세를 점쳐주는 '도깨비명당'은 황리단 길을 찾는 젊은 연인들에게 인기가 많다.

　'역사에 가정은 없다'라던가? 하지만 젊은 연인들의 미래는 늘 긍정적인 가정을 하고 긍정적 미래를 꿈꿀 터이니 단돈 천원으로 그 긍정의 미래를 확신하게 된다면 이 또한 소소한 행복을 얻어가는 기회가 될 것이다.

　도보로 10분 거리에는 대릉원을 비롯한 첨성대, 반월성, 안압지, 박물관, 교동 한옥마을 등의 많은 유적지가 있다. 황리당 길에서 신구문화의 접목을 체험한 후 주변에 있는 역사유적지를 둘러보는 것은 경주를 찾는 방문객들의 필수 코스라고 하겠다. 역사를 알아야 현재를 더 잘 살아갈 수 있다는 것은 두말할 필요가 없지 않은가?

　분명한 것은 으레 신구의 교차점에선 다소 이질성은 존재하기 마련이다. 이질성은 새롭다는 것이고 새롭다는 것은 신선함과 조금의 불편함을 내포하는 것이라 생각한다. 기존의 형식만을 고수할 때 새로움은 불편을 초래한다. 기존의 형식에 기반을 두고 고착화된 틀을 깰 때 새로움이 생겨난다. 이때 새로움이란 기존의 형식을 단순하게 전복하는 것이 아니라 기존의 형식에 도전이라는 발전촉진제가 첨가된 문화의 고마운 비약일 것이다. 따라서 새로운 것을 받아들일 때 발생되는 다소 불편함의 기저에는 '문제의 본질'을 모르기 때문에 수반되는 인지부조화 현상이 있을 가능성을 배제할 수 없다. 어떤 현상이든 새로움과 불편함은 더 나은 문화발전을 위한 발화점이지 않을까? 결론적으로 새로움을 수용하는 정신이 문화발전의 원동력

이라 생각한다. 단 전통을 간과해서는 안된다.

황리단길에 있는 카페 창가에 앉아 커피 향과 방문객들의 표정에 취하다 보면 멀리 보이는 능선과 그 안에 잠들어 있는 천마가 능을 깨고 나와 질주할 것만 같은 환영이 든다. 경주가 더 이상 슬로우시티가 아닌 것이 분명하다. 느린 배경을 뚫고 격동하는 도시의 태동을 느끼는 것이다. 중국 상해의 타이캉루나 베트남 호치민 데탐 여행자 거리, 프랑스 파리의 샹젤리제 거리와 같이 황리당길에 더 많은 여행객들로 북적이기를 바란다.

변화의 시작이 화려하지만 그 변화를 지속시키고 참다운 문화발전을 이루는 것이 남은 숙제일 것이다. 열정과 옳은 의지와 실행이 성공적으로 실행되기를 바라며 골목을 나왔다.

글 · 이령

소리 잃은 새들과 소리를 잊어버린 사람들의 눈빛은 어디든 있는데
눈길만으로 피어나던 우리들의 꽃은 다 어디로 갔나?

포효하는 역사! 산골에 들다

하범곡마을

첩첩만산 이우는 심사, 그리움이 겹겹이 새겨진 댓닢 너머 넘실거리는 산동네 풍경

하범곡마을은 토함산의 호랑이가 놀다 갔다는 이야기가 전해지면서 하범곡 또는 하범실로 불리고 있다. 하범실은 토함산 7부 능선에 위치한 첩첩산중의 산골마을이다. 마을에서 토함산 석굴암 입구까지 이어지는 산책로 같은 등산길은 약 3km 거리의 편안한 임도로 열려 있어 방문객들이 많은 편이다.

하범곡마을은 10여 년째 농촌체험휴양마을로 국내는 물론 외국까지 알려져 외국인 체험객들의 발길도 꾸준히 이어져 눈길을 끌고 있다. 고랭지 특성의 농작물들과 자체 생산한 농산물을 이용한 토속적인 체험행사가 인기다.

하범곡마을은 산골마을이 가진 아늑하고 고전적인 분위기와 함께 주변의 풍부한 역사문화자원이 있어 더욱 유명세를 타고 있다. 불국사와 석굴암이 지척에 있으며 문무왕릉과 이견대, 감은사지, 주상절리 등의 동해안 절경이 눈앞에 펼쳐진다. 골굴사, 기림사와 같은 역사 깊은 고찰과 보문관광단지도 가깝다. 또 토함산을 넘어오는 추령재 근처 왕의 길과 백년찻집, 장항사지 오층석탑, 최근 한수원은 바로 마을 입구에 초현대식 건물로 들어서 접근성도 크게 좋아졌다.

하범실마을에는 24~25 가구가 옹기종기 모여 살고 있다. 우리나라 농촌 어디를 가나 비슷한 상황이겠지만 하범실도 대부분 나이 많은 어른들이 마을주민이자 주인이다.

"저 할망구들은 의리도 없어요. 범이 옆에 떡허니 앉아 있는데 나를 혼자 내버려두고 즈그들끼리 도망가 버렸어."

아주 오래 전 이야기지만 요즘도 할머니 서넛만 모여 앉으면 심심찮게 듣게 되는 할머니의 토라진 푸념이다. 하범실에 범이 살았다는 전설 같은 체험담이 지금껏 전해지고 있다.

예로부터 호랑이가 자주 나타나 호실로 불리다가 후에는 범실로 불렸다. 또 마을을 둘러싸고 있는 바위가 호랑이가 누운 모양이어서 호곡, 범곡으로 불렸는데 현재 행정구역상 정확한 지명은 경주시 양북면 범곡리다. 범곡은 아랫마을과 윗마을로 자연부락이 나뉘어 하범실이 농촌체험마을로 선정되면서 10년째 마을에서 생산되는 농산물로 체험행사가 진행되고 있다.

마을에 들어서면 먼저 마을회관이 2층 건물로 단정하게 지어져 있고, 반듯하게 선이 그어진 주차장은 산골마을 답지 않게 깔끔하다. 곳곳에 약초가 재배되는 사유지이므로 약초의 무단채취를 금지한다는 푯말이 세워져 있어 약초들이 많이 나는 지역이라는 것도 쉽게 알 수 있다.

지금도 해가 지면 금방 무서운 짐승이 나타날 것 같은 첩첩산중 하범실마을이 현대인들의 삶을 넉넉하게 하는 최고의 힐링 명소로 떠오르고 있다.

Beautiful in Gyeongju

토함산둘레길

세계문화유산 불국사, 석굴암으로 이어지는 하범곡마을 뒷동산 오르는 길이 토함산 둘레길이다. 경주시가지에서 승용차로 불과 1시간도 안 걸리는 마을이지만 첩첩산중에 있는 오지마을 깡촌이다. 그래서 더욱 신비스러운지도 모른다.

하범실에서 석굴암으로 오르는 둘레길은 두 갈래로 나누어진다. 하나는 경북산림환경연구소가 닦아놓은 3㎞ 거리의 임도다. 경사가 가파르게 솟아오르듯 하는 산길이어서 대부분 포장이 되어 있지만 일반 승용차로는 곤란하고, SUV라면 편하게 경치를 즐기며 드라이브 삼아 갈 수 있는 코스다. 아무래도 차량으로 10여분 만에 휙 지나쳐버리기에는 아까운 코스다. 곳곳에 산딸기와 하범실이 자랑하는 뽕나무의 선물인 오디를 따먹는 기쁨을 맛보려면 힘이 들지만 걷는 것도 좋다.

이 코스는 임야에 길을 내면서 산허리를 파낸 흙더미가 드러난 곳과 밭을 일구는 곳도 있다. 뱀이 많이 나온다는 뱀밭이 있고, 그 아래는 주막이 있었다는 주막터가 있다. 주막터에는 팔각정을 지어 쉼터가 되고 있다. 정자에서 바라보는 전망은 멀리 바다까지 훤하게 조망되는 곳이어서 산행하는 등산객들에게 좋은 쉼터가 된다. 이 길이 옛날에는 과거길에 오른 과객이 지나던 길이자 경주 시가지로 들어가던 양북과 감포의 주민들이 넘나들던 길이다. 빠른 걸음이라면 왕복 2시간에도 다녀올 수 있는 길이다.

두 번째 걸어서 오르는 둘레길은 동산령을 넘는 길이다. 동산령은 신라시대 경주의 오악 중 동쪽의 산 동악 토함산에서 동해로 이어지는 고갯길을 말한다. 당시 고갯길이 동산령으로 하범실에서 석굴암으로 통하는 등산길인 것이다. 동산령은 불국동의 진티에서 시작해 참물내기를 넘어 하범실을 거쳐 동해 장항원들 요광원까지 이어지는 길이다. 요광원에서 신라로 들어서는 야인들에게 목적에 따라 들어오는 길을 차단하던 국경의 경비를 맡던 곳이다. 신라의 동쪽 관문이었다. 왜구들이 신라로 쳐들어오는 길이 되기도 했다는 이야기다. 신작로가 생기기 전까지는 바닷가 사람들이 경주시내로 드나드는 주 통로였다.

고추장 담그기 체험

하범실마을에서의 농촌체험은 유별나게 인기를 끈다. 고랭지의 기후를 느낄 수 있는 마을에서 재배되는 콩과 고추, 쌀, 오디, 뽕잎, 더덕, 야콘, 산나물 등 직접 생산한 농작물로 만드는 된장, 고추장, 장아찌류를 직접 만들고 시식할 수 있기 때문일 것이다.

고추장 만들기와 된장 만들기, 두부 만들기 체험은 사계절 어느 때든 예약만 하면 언제든지 가능하다. 이 체험은 마을주민들이 직접 생산한 농산물을 수매해 진행되기 때문에 더욱 전통적인 맛을 느낄 수 있으면서 건강식으로 많은 주문이 이루어지고 있다.

동산령의 원시림 탐방체험은 지금은 제초작업이 이루어지지 않아 잘 진행되지 않고 있지만 이 문제가 해결되면 다시 인기 프로그램으로 예약이 이어질 것으로 기대된다.

계절별 농산물 수확 체험도 이색적이다. 고구마 캐기, 감자 캐기, 뽕잎과 오디따기, 산딸기 따기 체험은 마음도 즐겁지만 입도 덩달아 즐겁게 한다. 어린이는 물론 어른들도 체험 삼매경에 빠진다.

더덕과 콩, 오디, 돌복숭아, 쑥, 홍초, 달맞이꽃, 솔잎, 매실 등은 장아찌 담그기와 엑기스류 음료 만들기 체험이 인기다. 자신이 수확한 열매와 채소 등으로 직접 장아찌를 담그고, 엑기스를 만들어 건강식을 만들어 먹는 재미는 농촌체험에 홀랑 빠지게 하고도 남는다. 이 때문에 울산과 부산 등지의 몇몇 주부들은 매년 단골로 체험행사에 참가하고 있다.

Beautiful in Gyeongju 77

마디로 재단할 수 없는 것들이 갈수록 넘쳐나 통으로 사라진 오늘, 입구를 찾지 못한다면 출구를 기약할 수 없듯 도무지 이 미로를 빠져날 수 없다
접었다 폈다 늘였다 줄였다 굳지 않고 유연한 마디를 위해 오늘, 어제도 내일도 이 마디 안에서 길을 재고 있는 난.

한 치 반, 그 은유의 틈

마음이 답답하면 하루쯤 남산에 귀의한다. 새갓골로 들어서서 솔향기를 마시니 숨통이 조금 트인다. 이어 시누대가 나온다. 대숲에도 이미 봄기운이 차올라 가쁜 숨을 몰아쉬는 행자行者의 관절 마디마디에도 연둣빛 언어를 틔울 것 같다. 이렇듯 자연은 겨우내 사나워진 마음을 순치하라고 세상에 온화한 햇살을 베푼다. 널리 사람의 마음도 따뜻해진다면 그것이 곧 자비로운 세상이 아닐까 싶다.

탁 트인 절터, 예전에는 보이지 않던 하얀 형상이 먼저 눈에 들어온다. 다가가보니 얼굴이 이지러지고 온몸이 만신창이가 된 석불이 연화대 위에 앉아있다. 연화문과 화불化佛 그리고 불꽃무늬가 새겨진 광배光背는 누더기를 기워놓은 듯하고 목에는 접합한 선이 또렷하다. 처참한 모습으로 먼 산을 망연히 바라보는 석불좌상을 둘러보니 마치 내 몸이 동강 난 양 온몸에 전율이 흐른다.

사람이 부처가 되고 부처의 말씀을 따르는 것도 사람인데, 누가 자비로운 미소를 짓이기고 광명光明까지 산산조각 냈을까.

마애불은 훼손을 막기 위해 임시로 비닐하우스를 쳐놓았다. 하지만 중생의 호기심이 어디 그런가. 누군가가 뚫어놓은 구멍으로 안을 들여다본다. 아래로 내리뜬 길고 날카로운 눈매에 도톰하고 부드러운 입술과 양감이 뚜렷한 얼굴은 보기에도 준수하다. 부처에 이르는 세 가지 길을 걸었는지 목주름이 불두(佛頭)를 편안하게 떠받들고, 깨달음에 이르렀는지 큰 귀에서 넓은 어깨로 이어지는 수인(手印)에 안정감이 있다. 크고 양감이 뚜렷한 불두에 법의(法衣)는 발목으로 내려갈수록 주름의 간격이 넓어 5장의 연화대좌 위에 서있는 부처님을 아래에서 우러러본다면 비례효과가 살아나 신비감을 더 할 것 같다.

무릇 부처는 자비로운 미소로 중생을 내려다보고, 비바람에 살이 트고 이끼가 끼어도 오롯이 세상을 바라보거늘, 저토록 현현(玄玄)한 부처님이 어째서 1300년 동안 세상에게 등을 돌리셨을까. 그 까닭을 커다란 귀에다 대고 여쭈어본들 부처님은 저쪽 귀로 흘리실 것이다. 깨고 닳아야 깨달음이요, 사유하는 자가 조그마한 깨달음이라도 얻을 수 있으니 행자의 상상력으로 그 뜻을 가늠해본다.

부처님의 코와 바닥 사이가 5cm다. 육중한 몸이 엎어졌지만 불과 한 치 반 차이로 얼굴이 털끝 하나 다치지 않았으니, 하늘의 조화가 아니고서야…, 저 절묘한 간극 너머에 답이 있을까.

조금만 더 늦었다면 마애불은 영영 흙에 묻혔을지도 모른다. 한 탐방객이 절터에서 목 없는 석불좌상의 머리를 발견했고, 문화재 당국이 조사를 거쳐 이를 복원하기 위해 주변에 흩어진 조각을 찾던 너럭바위 밑에 새겨진 옷자락 주름을 발견했다고 한다. 그래서 흙을 파내자 부처님이 환생한 듯 마애불의 얼굴이 온전히 살아있어 모두 경악을 금치 못했다고 하니, 우연의 연속이라고 보기엔 그 고리가 예사롭지가 않다. 절도 스님도 자취를 감춘 옛터에는 낙엽처럼 나뒹구는 이야기조차 없으니, 조락(凋落)한 역사에 어떤 일이 있었을까.

세상에 자비로운 미소를 보내던 마애불이 어떤 연유로 엎어지고 나서 석불좌상은 홀로 절을 지켰을 것이다. 하지만 인간세상에서 번번이 일어나는 칼바람이 산속이라고 해서 비켜갔겠는가. 부처님의 영역까지 그 바람이 들이닥쳤지만, 돌아앉으면 부처가 아니기에 세상을 타이르다가 석불좌상은 그만 목이 잘리고 광배까지 몇 동강나고 말았을 것이다. 불국정토의 꿈을 전파하던 이차돈의 순교도 이처럼 비장했을까.

"불의의 사형장에서 '다 죽어도 너희 세상 빛을 위해 저만은 살려두거라.' 일러줄 그 사람을 가졌는가."*

순교한 석불좌상이 깨지고 닳은 얼굴을 오늘 드러내 마애불만은 살리라 이르셨으니, 시대를 초월한 계시에 담긴 뜻을 생각하니 마음이 서늘해진다. 만약 마애불까지 훼손된 채 발견되었다면 행자는 차마 얼굴을 들지 못했을 것이다. 자비로운 성정(性情)은 마르고 성형미인이 넘치는 시대에 부처님의 원형을 볼 수 있다는 사실이 상서롭지만 한편으로는 못 다한 숙제를 한꺼번에 떠안은 듯 마음이 묵직하다.

사람들은 '5cm의 기적'이라고 한다. 하지만 부처님은 달을 가리키는데 우리는 손가락을 보는 건 아닌지. 한 치 반, 다툼과 질주가 난무하는 속세에서는 충돌을 멈추는 거리요, 남에게 상처를 내지 않는 최소한의 간격이다. 탐욕에 눈이 멀어 한 치도 양보하지 않는 세상에서 평화가 곧 불국정토의 시작이니, 이는 곧 너희 세상 빛을 위해 다들 요만큼만 참으라는 은유가 아니겠는가.

운주사 와불(臥佛)이 일어나는 날이 기일이듯, 부처님도 그날을 기다리시는 것이리라. 하지만 몸체가 육중해 아무리 궁리해도 원형을 훼손하지 않고 다시 세울 묘안을 찾지 못했다고 하니, 인간세상에서 그날은 아직도 요원한 모양이다. 일어나시라 청하자니 세상에 볼썽사나운 일이 너무 많고 일어나지 마시라 여쭙자니 세상에 자비로운 빛이 너무 없다.

폐허가 된 땅에도 들꽃은 피고 벌·나비가 날아든다. 잔해만 나뒹구는 절터에도 이제 자비로운 두 미소가 현시(顯示)하셨으니, 중생의 황량한 마음속에도 그 향기가 스며들지 않겠나. 키 작은 꽃들이 먼저 피라고 배려하는 봄날, 다시 남산 순례 길에 오르는 행자의 등에 따뜻한 기운이 번진다. 부처님의 대답일까.

* 함석헌 선생의 시집 『수평선 넘어』 '그 사람을 가졌는가' 중에서.

글·김이랑

소란스런 시간 빛과 함께 사라지고
어둠이 내리는 사적지
별들 마중하듯 조용히 조명이 일어난다
둥구과 렁지, 첨성을 에워싸는 사적지 연 받에는
꽃 피우는 일이 한창이다
쉬 개똥소리 아이 염주고 개구리 소리 숙연해진
사방이 고요의 바다 속이다

황룡사터 보리밭

청춘을

돌려다오 !

기억은 추억이 되고 추억은 그리움이 되는

인화된 시간
'추억의 수학여행'

지나간 시간을 되짚어 연어가 모천으로 회귀하듯 교복을 입고 경주로 오는 발길이 이어지고 있다.

다시 교복을 입고 과거로 떠나는 '추억의 수학여행'은 중장년층들을 경주로 불러들이려는 신라문화원의 전략적 상품이다. 우리나라 50~60대 중장년층이라면 학창시절 수학여행으로 경주를 한 두 번씩은 다녀갔을 것이다. 교실이라는 일상에서 탈출하여 기차를 타고 버스를 타고 내린 경주의 첫인상은 어땠을까. 경주를 떠올리면 그 시절 같이 했던 친구들이 자연스럽게 오버랩 될 것이다. 신라문화원은 누구에게나 있을 법한 그 시절의 감성을 소환하여 추억의 시간여행이라는 커다란 선물을 준비했다.

'추억의 수학여행'은 학교동창회 또는 기업과 사회단체들이 30명 단위 또는 100~500명까지 신청을 받아 진행되고 있다. 참가자들은 모두 옛날 학창시절 입었던 교복에 모자를 쓰고 학창시절로 돌아간다. 반장, 주번은 완장을 차고 수학여행단을 인솔한다. 신라문화원은 여름과 겨울을 제외하고 연간 30여회 매주 토요일과 일요일에 '추억의 수학여행'을 진행하지만 참가단체의 예약으로 주중에 진행하기도 한다.

추억의 수학여행은 대부분 1박2일로 진행된다. 관광차를 대절해서 오기도 하지만 전국으로 흩어져 살던 친구들이 지역별로 팀을 구성하여 오기도 한다. 그들이 만나는 장소에서는 함박웃음과 고성이 오간다. 서로 반가움의 인사를 나누는 데만 한참이 걸린다. "니 누고?", "니 진짜 순자 맞나?" 배가 불룩하게 나온 친구, 이젠 대머리가 되어버린 까까머리 소년, 머리에 하얗게 서리가 내린 친구들은 서로 까마득한 지난 시간을 불러오려는 표정이 역력하다. 특히 여학생들은 세월이 덧씌운 화장과 주름살 속에서 지워진 시간을 캐내려는 듯 수다가 끝이 없다.

"반갑다, 친구야"

본격적인 여행은 참가자들이 교복을 입고, 추억의 영상물을 보면서 시작된다. 20여 명씩 반을 구성해 담임선생으로 정해진 리더가 인솔한다. 까마득하게 높아 보였던 첨성대는 보잘 것 없이 낮아져버렸다. 그 시절 흙먼지 날리던 비포장도로는 아니지만 가는 곳마다 기억은 흑백사진을 자꾸만 펼쳐놓는다.

흑백사진 속의 계림을 돌아 허물어진 월성 담을 넘어 석빙고도 돌아본다. 새롭게 단장된 동궁과 월지를 둘러보고 불국사로 올라간다. 변함없는 최고의 포토존인 청운교와 백운교 앞에서 그때처럼 "김치"를 단체로 깨물어 보기도 한다.

박물관에서는 천년의 비밀을 누설하지 않으려는 침묵하는 '성덕대왕신종'을 따라 신라 태동기와 불교중흥, 통일신라시대, 고려와 조선으로 이어지는 역사의 흐름을 더듬어 간다.

저녁이 되면 몸이 기억하는 추억 속으로 빨려 들어간다. 팀별로 준비한 장기자랑시간이다. 노래자랑에 이어 귀에 익숙한 팝송과 유행가를 틀어놓고 '고고'와 '디스코'가 경주의 밤을 뒤흔든다.

풍성한 먹거리와 적당한 술이 더해져 참가자들은 틴에이저가 된다. 밤늦도록 이어지는 시간여행에 탑승하여 현재의 나를 잠시 내려두고 또 다른 나를 찾아가는 것이다.

추억의 앵콜 수학여행을 꿈꾸는 중장년들이 늘어나고 있다. 그동안 아버지로 엄마로, 직장인으로, 생활인으로 살기에 바빴다. 자신을 잊고 살아온 날들을 돌아보니 어느새 세월은 50대, 60대로 데려다놓았다. 마음은 청춘인데 몸은 청춘이 아니다.

첨성대도 다보탑도 석가탑도 예전 모습 그대론데 변한 것은 여행객들이다. 주름살 굵게 파인 반백의 중장년들이 기념촬영을 한다. 기억 속의 청춘을 다시 불러내는 것이다. 청춘의 흔적을 더듬어 스스로 마음 속 길을 내어 다시 나만의 청춘이 되어보는 것이다.

글 · 강 시 일
사진 · 신라문화원 제공

눈 먼 사랑아! 죽음 너머 삶을 생각하며 난 네게로 간다, 겹친 순간 이별은 시작되니 평행의 자기장에 갇혀
거짓 표정만으로도 위로가 되는 봄날엔 그대만이 오직 그대요라고 그대 안에 쓰인 그대를 베긴다

천년, 은유의 숲에 들다

> 후두둑 가랑잎 비 듣는 소리,
> 생생불식 숲이 일어서는 소리,
> 생명의 소리를 보다.

몸과 마음을 동시에 편안하게 힐링할 수 있는 곳은 아무래도 휴양림이 제격이다. 맑은 공기에 물소리, 새소리, 바람소리... 만들어지지 않은 자연의 소리가 기분을 저절로 상쾌하게 한다. 계절에 관계없이 언제든지 좋다.

토함산자연휴양림은 혼자서든 가족이든 친목을 다지는 모임이든 직장동료들끼리, 기업체의 교육훈련, 학생들의 체험학습 등의 다목적으로 활용할 수 있는 휴양림이다. 산책로는 물론 수영에서부터 족구, 풋살, 농구, 배구 등을 할 수 있다. 산책로 주변에는 맥문동과 비비추 등의 다양한 야생화가 있고, 새소리도 들을 수도 있다.

인근지역에는 불국사와 석굴암, 장항리사지, 한수원과 감은사지, 문무대왕릉 등 역사문화사적지가 있다. 기림사와 골굴사도 가까이 있어 문화탐방을 즐길 수 있다.

토함산휴양림의 산책로 꼭대기 부분에는 바람길로 이름 지어진 풍력발전기가 우람한 체구의 위용을 자랑하며 웅웅 돌아간다. 산책로에서 동쪽으로 시선을 돌리면 하늘과 바다가 같은 색으로 경계를 모호하게 하며 마음을 확 틔워준다.

토함산자연휴양림

바람길

경주 토함산자연휴양림으로 가는 길은 두 갈래 길이 있다. 불국사에서 토함산 정상으로 오르다 동해쪽으로 내리막길을 선택하거나, 반대로 양북 문무대왕릉쪽에서 석굴암 방향으로 산길을 오르면 된다. 휴양림은 산중에 있지만 교통편은 크게 불편하지 않다. 불국사에서든 문무대왕릉에서든 모두 30분 거리에 있다.

휴양림 가는 길은 석굴암 삼거리가 정점이다. 여기서부터 석굴암 반대 방향 내리막길로 접어들면 휴양림은 금방이다. 내리막길을 접어들어 숲이 우거진 꼬부랑길을 내려오면 금방 토함정사, 해와달, 정다운산방, 토함산도예갤러리 등의 식당과 팬션 팻말들이 무더기로 서있다. 조금 내려오면 또 특이한 조각을 세운 목장이 보인다. 여기에서 오른쪽으로 갈라지는 좁은 길이 바람길이다.

바람이 시원하게 내닫는 길. 바람을 일으키는 길. 바람이 풍향계를 돌려 전기를 일으키는 길이 바람길이다. 능선을 따라 1km남짓 이어지는 숲길이다. 숲이라 해도 키 큰 나무는 없고 갈대와 키 낮은 잡목들이서 시야가 시원하게 뚫려 드라이브 코스로도 그만이다.

바람길로 접어들면 풍력발전기가 지름 94m의 거대한 팔을 천천히 돌리며 우뚝 서 있는 모습이 이색적인 풍경으로 다가온다. 배경이 푸른 하늘이어서 하얗게 솟은 풍력발전기는 더욱 선명하게 눈 안으로 들어온다. 길옆으로 백색 기둥이 서 있고, 바람을 맞으며 웅웅거리는 앓는 소리로 돌아가는 바람개비는 신비스럽다.

최근에는 빨강, 노랑, 파랑 등의 원색 바람개비들을 꽂아두어 풍경을 더욱 이색적으로 만든다. 바람을 돌리는 바람개비처럼 모두가 자연인이요 자유인이 되는 공간이다. 시원하게 불어오는 바람, 공기는 공짜다.

바람길의 인근 야산과 먼 산의 단풍, 하늘, 풍력발전기가 만드는 풍경은 두고두고 기억에 남을 경치가 된다. 걸어서, 자전거를 타고, 승용차든 화물차든 운전해서 오르기만 하면 기분이 확 풀리는 곳이다. 힐링하기에도 좋고, 데이트코스로도 만점이다. 바람길은 경주사람들에게도 많이 알려져 있지 않은 비밀스런 보물 같은 공간이다.

토함산자연휴양림

　토함산자연휴양림은 경주시설관리공단이 직접 운영하는 다목적 휴양시설이다. 부지면적 121㏊에 이르는 대규모 자연휴양림이다. 다람쥐, 청설모는 수시로 보인다. 딱따구리, 산까치도 이 나무 저 나무를 폴짝폴짝 뛰어다니는 영락없는 자연이다. 침엽수와 활엽수, 다양한 야생화들이 군락을 이루는 자연생태체험학습장으로 최적의 조건을 갖춘 곳이다.

■숙박시설은 단독주택형으로 지어진 숲속의 집이 6동 있다. 6인실로 지어진 3동, 15인실로 2층 구조로 된 2동, 18인실 특실로 마련된 1동이 있다. 산 속 한적한 곳에 단독주택으로 지어져 무엇보다 소음이 없고 주위에서 민원이 들어올리도 없다. 숲속의 집은 또 연립형으로 5인실과 6인실이 한 건물에 마련된 2동이 있다. 학생을 비롯해 단체가 숙박하기에 좋은 화랑관은 5인실 8개와 10인이 함께 숙박할 수 있는 3개가 있다. 300명을 한꺼번에 수용할 수 있는 공간이다.

■회의를 비롯한 행사를 할 수 있는 특별한 공간도 있다. 20명이 회의할 수 있는 소회의실과 200명이 회의를 할 수 있는 공간 국학관이 있다. 회의공간은 모두 휴양림 입구에 위치해 있다.

■야영장은 굴참나무숲이 우거진 가운데 목재데크로 조성한 40개가 있다. 산 중턱부분에 25개동, 윗자리에 15개동으로 살짝 구분되어 있다. 야영장 바로 옆에 화장실과 취사장, 샤워장도 마련돼 있어 야영하기에 큰 불편함은 없다.

■산책로와 등산로는 토함산 자연휴양림에서 가장 큰 자랑거리 중의 하나다. 산책로는 크게 4코스로 나뉘어 있다. 2.5km~4.6km에 이르는 거리로 보통 걸음으로 50분, 1시간30분 2코스, 2시간 20분 정도 소요되는 코스로 구분된다. 숲속의 집과 야영장 가까운 곳에는 지압로드, 목재데크로 만들어진 산책로가 있고, 야생화 관찰로드가 조성돼 있다.

등산로는 바람길로 이어져 토함산 정상까지 편안하게 다녀올 수 있는 잘 닦여진 길이다. 여성과 어린이, 초보 등산객도 자연의 신비를 체험하면서 함께 걸을 수 있다.

■휴양림에 조성된 휴양체험시설은 체험학습용으로도 좋다. 맥문동과 비비추 등을 군락으로 심어 조성한 야생화단지, 목재로 아기자기하게 설치한 관찰데크로드가 숲의 기운을 제대로 받아들일 수 있게 시설돼 있다. 맨발로 건강산책을 할 수 있게 다듬어진 지압로, 산속의 새 동물원 조류사, 참나무를 베어 삼각발로 세운 숲 속의 표고버섯체험장 등이 체험시설로 준비되어 있다.

■산 속에서 누구나 마음껏 고함지르며 운동을 할 수 있는 운동장이 있다. 5명씩 팀을 짜서 축구를 할 수 있게 설치된 풋살구장, 네트와 평평하게 다듬어진 땅에 라인을 그어 바로 시합을 할 수 있는 족구장이 있다. 또 맑은 공기를 마시며 하늘로 솟구쳐 덩크슛 체험도 가능한 농구장, 지붕 없이 하늘을 바라보며 물놀이를 즐길 수 있는 야외수영장은 큰 자랑거리다.

■ **예약** : 토함산자연휴양림은 철저한 예약제로 운영된다. 다음이나 네이버 등 포털사이트에서 검색하면 시설현황과 찾아오는 길까지 상세하게 안내되어 있다. 물론 사용 가능일자와 요금 등의 예약시스템도 이용하기 쉽게 되어 있다.

　토함산자연휴양림은 기관단체, 기업체들이 연수를 할 수도 있고, 회의와 교육을 위한 장소로도 활용하기 좋다. 경주시는 가끔 읍면동장회의와 확대간부회의를 휴양림에서 개최하기도 한다. 직장인들의 삶에 활력소가 되기에 충분하다. 시가지에서 멀지 않고, 충분하게 자연의 숲 속에서 힐링할 수 있고, 가까운 곳에 역사문화자원이 풍부해서 쉼터로 제격이다. 가족단위 쉼터로 강추한다.

감언처럼 달디 단 화주다, 어느 불씨가 저리도 애달플까
댓잎 하나 솔잎 하나에도 덕업일신 망라사방(德業日新 網羅四方)
사방팔방 기도소리가 시간을 말아쥐고 피어나니...

불국사 가는 길 보불로

보불로는 보문단지를 거쳐 불국사 입구까지 이어지는 테마가 있는 도로다. 제가각각 특별한 메뉴를 건 식당들이 길 양쪽으로 줄지어 있고 인간본성을 자극하는 성테마박물관과 인간의 미적 추구를 충족시켜주는 민속공예촌, 팬션촌과 찜질방, 근대사거리인 추억의 달동네 등이 있다.

보문단지를 벗어나 언덕길을 막 넘어서면 보불로 첫 번째 체험시설인 성테마박물관인 러브캐슬이 있다.

"잠깐, 이곳은 성인 인증이 필요한 곳!"

지붕 없는 박물관이라 불리는 경주에 성인이 아니면 들어갈 수 없는 박물관이 생겼다. 2010년 7월에 보불로 초입에 문을 열었다. 한국관과 세계관, 야외전시실로 크게 구분된다. 한국관에는 신라시대의 작품을 복원해 성행위를 하는 토우들을 배치했다. 특히 남자의 성기는 해학적이다. 은밀한 장면을 사실적으로 표현한 조선시대 춘화는 예술작품처럼 세련됐다.

한국관을 나오면 야외공원이 시원하게 펼쳐진다. 남녀 성기를 희화시킨 조각작품들은 분수와 어우러져 관람객들의 눈길을 사로잡는다. 세계관에는 세계 각국의 성 역사와 다양한 전시품으로 가득 차 있다. 발길 닿는 곳마다 성의 아름다움에 기발하고 발칙한 생각을 입혔다.

"골목길이 놀이터였던 그때 그 시절"

추억의 달동네는 전국 각지에서 수집한 6천여 점의 골동품을 150여개의 테마로 구성한 체험형 역사박물관이다. 사람들은 과거를 현재와 비교하고 해석하여 미래를 예측하는 습성이 있다.

곳곳에 박물관이 만들어지는 것도 이러한 인간의 본성에 기인한 것인지도 모른다. 근대사거리인 '추억의 달동네'에 사람들의 발길이 꾸준히 이어지고 있다.

입구에 들어서면 예스터데이... 퍼져나오는 추억의 팝송이 기억 속 풍경과 함께 발길을 저절로 그 시절 골목길로 옮겨놓는다. 골목길이 놀이터였던 1950~1980년대의 서울 변두리의 한 마을을 토함산 자락에 통째로 시간이동해 놓은 듯하다.

7080상가, 봉건사회관, 골동품상점, 약전골목, 군대막사, 갓뒤 전파사, 부뚜막, 장터국밥, 서울양장점, 장수약국, 구두수선집, 월성복덕방, 대서방, 담양상회, 공동변소, 옹기전, 럭키상회, 금장청과, 감포수산 등 낯익은 풍경들이 발길 닿는 곳마다 추억을 소환다.

학교 앞 문방구에서 팔던 쫀드기와 달고나, 학교 준비물, 교실풍경을 재현한 코너에서는 누구나 국민학생 시절로 돌아가 즐거워한다.

그림·이령

움트다

글 · 이령

네 등 뒤에 꽃을 두는 일은 서사적이다

밤보다 깊은 새벽을 밝히는 현재의 일이다

가고 올 시간의 흔적을 보듬는 일

이별의 비수와 비가를 숨기기엔 이 계절이 너무 짧다

너를 품어 꽃을 피웠지만 자리마다 물컹하다

모든 서사는 지금, 바로지금 서정적으로 완성 된다

지나보니 꽃 피고 잎 지나 잎 지고 꽃 피나

무릇무릇 사랑이라 부르던 것들이 죄다 미쁘다

너를 건너왔으니 나를 데려와야지

머리를 버리고 심장을 얻었다, 가벼웠다

흔들리던 낯들이

마른 나무에 핀 꽃 순처럼 싱싱하다

울던 별들이 지면 새싹은 움 튼다

네 등 뒤에 꽃을 두고

걸어 온, 걸어갈 길을 벅차게 걷고 있다

내가 내가 되는 곳, 네가 나일 수도 있는
반구저기 反求諸己의 시간을 잇는 이 찰나의 멀티오르가슴

남산별곡

송강 정철은 관동팔경을 돌아보고 관동별곡을 지었다 한다. 경치의 빼어남도 그러했겠지만 아마도 관동팔경에 대한 그의 애정의 발로였을 게다. 천년을 한 자리에서 살아온 돌들이 아직도 그 산을 온전히 지키고 있는 경주 남산을 둘러본 이후 나는 남산별곡을 외치고 있다. 부처의 모습으로 또는 석탑의 모습으로 앉거나 선 채 자꾸만 나를 청하는 남산. 나는 그 부름에 응답하려고 매주 남산을 찾으며 남산별곡을 부르고 있는 것이다.

경주 남산은 한 번 방문한 사람들을 다시 불러들이는 묘한 매력이 있다. 나는 그 첫만남 이후 매주 토요일이면 남산을 오른다. 왕들의 무덤인 삼릉을 지나면 가장 먼저 머리 없는 부처를 만난다. 머리 없이 버려진 부처의 몸둥이는 가족을 지키기 위해 전장에 나갔을 신라의 수많은 匹夫를 자연스럽게 떠올리게 한다.

아직 문화재로 지정되지 않아 이름도 없는 부처지만 남산을 오르는 일은 이 머리없는 부처를 만나고 교감하면서 시작된다. 넓은 바위 위에 자잘한 돌들을 방석 삼아 참하게 앉으셨다. 남산의 당당함을 끌어당기신 가사자락은 이미 자연스럽게 산과 하나가 되었다. 남산을 오르는 이도 이제부터 산의 일부가 되는 것이다.

이내 남산에서 가장 아름다운 미녀불상으로 소문난 천사부처를 만난다. 바위에 실물크기로 새겨진 부처는 매우 사실적이다. 입술이 화장을 한 듯 붉고 입꼬리가 날아갈 듯 부드럽게 올라가 있다. 아마 그래서 천사바위라 이름붙여진 거란 생각을 해 본다.

여기서 산 허리를 살짝 돌면 빌딩만한 바위에 선으로 새겨진 여섯 부처를 만나게 된다. 얼굴이며 팔다리에 덕지덕지 붙은 이끼는 보는 이로 하여금 삶의 무게를 느끼게 한다. 기꺼이 자기 몸을 바람에 내어주니 이끼가 살 수 있었을 것이다. 이젠 한 조각의 모자이크로 산의 일부가 된 부처님을 오래 올려다본다.

거대한 육존불의 바위집을 지나 정상으로 조금 전진하면 입이 가로로 길게 찢어진 듯한 부처를 만난다. 이 부처는 하늘을 올려다보듯 고개를 뒤로 꺾어야 볼 수 있다. "얼굴이 못생겨서 못난이 부처로도 불립니다"라는 문화재해설사의 입술에 살짝 장난기가 스친다. 석공이 절대존자 부처님의 얼굴을 왜 못나게 새겨놨을까? 모두가 자신만 잘났다고 하는 세상에서 한없이 겸손하라는 부처님의 가르침은 아닐까.

경주 남산에는 선사시대로부터 삼국시대, 통일신라, 고려를 지나 조선시대까지 이어지는 시간의 흐름이 고스란히 흔적으로 남아 있다. 깊은 산 계곡을 타고 흘러내리는 마르지 않는 물줄기처럼 우리 민족의 내유외강의 정신이 흐르는 역사의 현장인 것이다. 해설사의 말끝을 따라가다보면 마치 시간여행을 하는 듯 자신도 모르게 남산의 정상 금오봉에 다다르게 된다.

'오이~', '김치~'를 외치며 기념촬영을 하는 무리들의 모습이 마치 옛 신라인들의 순박하고 순한 표정처럼 평화롭다. 서라벌 구경에 나선 신선 둘을 바라본 신라 처녀의 놀란 외마디 외침에 그만 걸음을 멈추어 선 남자신은 울퉁불퉁 남산이 되었고, 여신은 봉곳한 낭산이 되어 천년이 지나도록 마주 선 채 경주의 남쪽을 지키고 있다는 것이 남산과 낭산의 생성 전설이다.

남산의 정상에서 하산하는 길은 여러 갈래다. 자칫 방향을 잘못 잡으면 출발했던 곳에서 사뭇 먼 곳에 이르러 낭패를 당하기 일쑤다. 이 때문에 남산 애호가들은 남산 순환버스 또는 남산 순환 모노레일 등의 교통편이 설치되어야 한다고 목소리를 높이기도 한다. 자칭 남산별곡을 외치는 내 목소리를 그들이 대신하고 있다는 생각에 응원의 박수를 보낸다.

삼릉계곡을 타고 내려와 신선들이 바둑을 두었다는 바둑바위에 다다른다. 능선을 타고 오르는 시원한 바람을 안고 내려다보는 경주시가지는 평온하다. 많은 사람들이 각각의 사연을 들고 오고가는 경주역, 삶의 땀내가 진동하는 중앙상가와 재래시장은 분주한 모습을 감추고 그저 엎드려 있다. 그 가장자리로 형산강 줄기가 가지를 뻗어 조용히 물을 모으고, 바다를 향해 꼬리를 내려 한 폭의 수채화를 완성한다.

경주 남산에 오르면 삶이 보인다. 지나온 부끄러운 시간들이 발 앞에 서기도 하고 걸어가야 할 새로운 시간을 만나기도 한다. 이끼 낀 생각들을 털어내고 변함없이 세상을 우러르며 그 자리를 지키고 있는 부처가 되어보는 것이다. 멀리 김유신 장군묘와 무열왕릉 위로 오후 햇살이 걷히고 있다.

잠능골 의자바위에 앉아 고승의 독경소리, 목탁 소리 떠올리며 남산별곡을 조용히 흥얼거려본다.

글 · 강시일

경주시는 2006년부터 2012년까지 교촌 일대에 부지를 사들여 교촌한옥마을로 조성했다. 경주향교, 최부자아카데미, 교동법주 등이 시설과 토기제조, 천연염색, 누비, 다도예절, 유리공방, 동경이체험 등이 체험시설이 있다.

교촌마을

노블레스 오블리주를 보다　"경쟁자가 아닌 창조자가 되자"

향교가 있어 교촌, 교리, 교동 등으로 불리고 있다. 요석궁이 있던 곳으로 천년 왕궁터 월성에 연접해 있다. 지금도 '요석궁'이라는 간판을 내건 전통한식당이 인기다. 계림과 월정교로 이어져 있고, 김유신 장군의 생가터인 재매정, 첨성대, 대릉원, 천관사지, 동부사적지 등의 주요문화유적들이 가까이 있다. 국립경주박물관, 동궁과 월지, 황룡사역사관도 걸어서 둘러볼 수 있는 곳에 있다.

주말이면 광장에는 다양한 공연들로 방문객들이 함께 즐기는 모습을 쉽게 볼 수 있다. 전통음식과 현대인의 입맛을 자극하는 먹거리들이 마을 곳곳에 자리해 경주시민은 물론 관광객들에게 인기를 끌고 있다. 인근지역에 마련된 넓은 주차공간도 주말이면 꽉 찬다. 국내외 단체방문객들의 관광으로 봄부터 가을까지 늘 붐비는 마을이다. 교촌마을은 전통과 현대문화가 어우러져 복합문화가 형성되고 있는 새로운 힐링센터로 주목받고 있다.

경주향교

교촌마을의 대표적인 시설물로 교촌의 동북쪽 끝단에 위치해 동부사적지, 계림, 월성과 연접한 길이 나있다.

경주의 유림들이 관리하면서 한시백일장을 비롯한 크고 작은 행사를 유치 운영하고 있다. 또 평생학습관으로 학생은 물론 일반인들의 체험행사도 진행하고 있다. 학생들은 차문화와 떡매치기, 궁도, 제기차기 등의 체험행사를 비롯해 선비들의 풍류를 배우기도 한다.

경주향교는 지역과 관계없이 누구에게나 전통혼례를 신청받아 결혼식장으로 제공한다. 주중에는 학생들이 선비복을 입고 선비문화를 체험하는 모습, 주말에는 전통혼례가 진행되는 장면을 자주 보게 된다.

최근에는 경주몽이 향교와 함께 시민과학캠퍼스 현판을 내걸고 다양한 인문학 강좌를 개설해 과거에서 미래를 꿈꾸는 지혜를 키우는 도량으로 활용도를 높이고 있다.

전통과 혁신 복합문화

입구에 광장이 넓게 마련돼 다양한 공연이 왁자하게 펼쳐지고 마을로 들어서면 골목길이 소담스럽다. 낮은 돌담이 구불구불하게 낮게 이어지면서 끝을 궁금하게 만들고, 한옥 마당이 들여다 보이는 집들은 온갖 체험을 준비하고 있다.

교촌마을은 전통과 현대의 다양한 문화들이 혼합돼 새로운 문화를 창출하는 공간으로 주말이면 방문객들로 발 디딜 틈이 없다.

카페사바하 ☐ 간판을 보는 순간 안으로 들어가고 싶다는 유혹을 느끼게 된다. 신라시대 석상조각들이 넓은 정원 여기저기에 널려있고, 편안한 안락의자들이 조형물처럼 야외에 비치돼 있다. 건물 전체가 하나의 공원이자 작품처럼 꾸며져 있고, 다양한 전통차와 까페라떼 식의 차들로 메뉴판을 빼곡하게 채우고 있다.

경주최씨 고택 □ 200년 전통의 경주 최가네 고택스테이 현수막이 마을안길 토담에 걸려있다. 노블레스 오블리주의 정신을 보여준 최씨 고택에서 나눔의 정신을 느껴보는 고풍스런 분위기의 고택스테이는 어떨까.

교동 야미야미 □ 골목 안을 휘적휘적 걷다보면 이색적인 간판들이 시선을 잡는다. 찹살씨앗호떡, 아이스크림씨앗호떡, 아이스크림튀김, 생과일쥬스, 핫도그, 된장, 간장, 밀고추장, 청국장환, 생생청국장, 분말청국장 등의 구수하면서도 생소한 특이한 메뉴가 보인다.

석등 있는 집 □ 교촌마을을 가로지르는 마을 가운데에 석등이 서있는 간이식당이다. 전통 수제 약과, 유과, 식혜, 모과차, 유자차, 십전대보차, 아메리카노, 생수, 계절별 아이스티, 팥빙수, 최가네 전통간식 등 전통과 현대가 어우러진 먹거리들이 길거리에서 고소한 냄새를 풍기며 발길을 잡는다.

상표 등록된 교촌가람 □ 원조 인절미아이스크림집으로 매일 아침 떡 장인이 손으로 떡을 매친 인절미로 만든 수제 인절미아이스크림이다. 교촌가람은 경주에서 최초로 인절미아이스크림을 개발한 곳으로 떡 만드는 모습을 직접 볼 수 있으며 떡매치기 체험도 할 수 있다. 교촌가람 대표는 한국국제요리경연대회 심사위원을 역임했다. 떡과 한과부문에 대통령상을 수상한데 이어 경상북도 마을이야기박람회와 꽃차부문에서도 수상한 이력을 가지고 있다.

교촌김밥 □ "김밥이 맛있으면 얼마나 맛있겠어?"라는 질문은 먹어보고 하시라. 김밥의 주재료는 계란을 아주 가늘게 채 썰어 가득 넣은 것으로 함부로 흉내 낼 수 없는 맛을 선사한다. 주말에는 더 많은 사람들이 몰린다. 배가 고픈 사람은 교촌김밥 먹기를 포기해야 한다. 보통 100명이 넘는 사람들이 줄서서 기다리는 이색풍경은 이제 교촌마을의 익숙한 풍속도의 한 장면이다.

경주교동법주 □ 국가무형문화재 제86-3호로 등록된 교동 최부자댁에 전해오는 비주로 조선 숙종때 궁중에서 음식을 관장하는 관직에 있던 최국선이 고향으로 내려와 최초로 빚은 궁중에서 유래된 술이다. 밀 누룩과 찹쌀로 100여 일간 숙성시켜 빚는다. 외관이 맑고 투명한 미황색을 띠며 특유의 향기와 단맛을 내는 부드러운 술이다. 기능보유자(인) 최경은 최국선의 10세손이다.

체험과 공연, 먹는 것도 전통과 현대가 혼재해 방문객들의 혼을 쏙 빼놓는다. 과거와 현대가 하나로 어우러져 새로운 퓨전 문화와 음식으로 자리매김하며 체험하게 하는 우리나라 전통마을임에는 틀림없다.

공연과 체험행사

길은 누구에게나 열려 있지만 그 길의 방향은 내가 정하는 것!

경주 교촌마을은 관광객들의 도란소란으로 늘 북적인다. 특히 주말이면 경주문화재단이 추진하는 전통공연과 경주예술인들이 꾸미는 무대가 방문객들의 흥을 돋게 한다.

공연 ☐ 교촌마을은 경주문화재단이 단골로 찾는 곳 중의 하나다. 삼국유사에 등장하는 도깨비를 부리는 비형랑, 전통국악, 신라의 오기를 선보이는 이색 공연 등이 방문객들의 호기심을 일으킨다. 우리 역사에 대한 관심을 불러일으키는 신선한 체험을 하게 하는 공연들이 교촌마을 입구 광장에서 방문객들을 기다린다.

체험 ☐ 누비생활체험, 교촌유리공방, 경주개 동경이 체험장, 토기공방과 토기가마, 창의학습체험장, 가람떡 체험 현판이 걸린 한옥을 들어서면 누구나 옛사람이 된다. 경주를 입다에서 다양한 한복을 빌려 입고 거리를 나서면 과거로 시간 여행을 떠나는 시간여행자가 된다.

교촌홍보관 ☐ 교촌마을을 안고 있는 남천제방을 따라 월정교까지 쭈욱 들어가면 교촌마을이 형성된 내력과 특징을 소개하는 영상물이 무료로 상영된다. 또 교촌마을의 전경과 교촌마을을 설명하는 자료들이 공감각적으로 전시된 전시관으로 방문객들의 눈을 밝혀준다.

옷이 날개가 아니라 옷은 생각의 틀을 짜 맞추기도 한다. 화랑의 옷을 입으면 화랑이 되고, 선비의 옷을 걸치면 자연스럽게 행동부터 선비를 닮아간다. 차를 마시고 뒤뜰에 마련된 죽궁 체험장으로 이동한다. 활시위에 화살을 매기고, 깊게 호흡을 들이마시며 가슴께로 활을 붙이면서 시위를 팽팽하게 잡아 당겼다가 살을 놓는다. 바람을 가르며 눈 깜짝할 사이에 시위를 떠난 화살이 과녁에 '포옥' 소리를 내면서 꼽힌다. 과녁에 박힌 채 꼬리를 떠는 화살을 보면서 쾌감을 느낀 청소년들은 연신 환호성을 질러댄다. 기분은 이미 신라의 화랑이 되어 있다. 기백이 넘친다. 다시 백등을 받아 화랑의 세속오계를 기록하고, 주소와 이름을 적으면서 '나만의 백등'을 만든다.

문화재해설사를 따라 역사문화현장 탐방을 떠난다. 9월에는 '세계 유산을 거닐며' 라는 주제로 월성과 대릉원지구를 탐방했다. 첨성대와 계림을 지나 왕의 거처 월성터를 둘러보았다. 10월 7일은 '가을들판을 걸으며'라는 주제로 능지탑과 선덕여왕릉, 황복사지, 진평왕릉 등을 돌아보는 낭산권의 문화재를 탐방한다.

진짜 신라문화 체험은 저녁을 먹고, 달이 뜨는 시간에 이루어진다. 신라의 달밤을 즐기는 것이다. 어둠이 내리면 천지는 과거와 현재를 구분하기 어렵다. 신라시대 문화가 비치면 곧 신라에 머물게 되는 것이다. 신라사람으로 돌아가 신라의 문화를 몸에 **두른다. 고즈넉한 기운이 맴도는 오래된 전통한옥에서 전통음악**에 젖어보는 시간도 체험한다. 전국의 유명가수들이 출연해 호강하는 시간이 되기도 한다.

마지막 코스가 신라의 달빛기행에서의 백미다. 동궁과 월지 야간투어가 진행된다. 달빛을 받아 고색창연한 신라시대의 멋을 부린 건물들이 하나씩 눈에 들어온다. 해설사의 역사이야기에 빠져 마음은 이미 신라로 건너가 있다. 월지에 투영되는 완벽한 데칼코마니를 이루는 동궁의 야경은 탐방객들의 혼을 쏙 빼놓는다. 황홀경에 취해 저마다 카메라 셔터를 누르기 바빠진다.

살아 숨 쉬는 서원

'살아 숨 쉬는 서원' 프로그램은 서악서원에서 진행된다. 서악서원은 조선시대 대원군의 서월철폐 철퇴도 피해 살아남은 사액서원으로 전통적인 서원의 모습을 그대로 간직하고 있는 문화유적이다.

서원 프로그램은 둘째 주와 다섯째 주에 '문화재 생생 화랑캠프' 프로그램과 함께 진행된다.

문화재청과 경북도, 경주시 후원으로 진행되는 프로그램이다. 이 또한 경주에서만 할 수 있는 특별한 경험을 선물하는 인기 체험프로그램이다.

토요일 오후 3시 서악서원에서 선비복이나 화랑복을 입고 전통茶, 죽궁체험, 문화재 스토리텔링 답사에 이어 저녁에는 매주 공통프로그램으로 서악서원 고택음악회를 즐기는 순서로 이어진다.

'살아 숨 쉬는 서악서원'은 평소 쉽게 발걸음이 가지 않는 서악서원에서 선비복을 착용하고 예절교육, 선비풍류체험 등의 다양한 서원 활용 문화프로그램을 진행해 이색적인 경험을 하게 된다. 유교문화에 대한 이해도를 높이고, 심신수련을 통해 호연지기를 기르고, 자신을 성찰하고 재충전하는 기회를 제공하는 공간으로 인기가 높다.

중앙단위의 공무원과 대기업 사원교육의 장소로도 이미 여러 차례 체험프로그램이 진행되어 화제다. 광역자치단체는 물론 기초지방자치단체들의 참가에 대한 문의도 접수되고 있다. 경주의 특성상 불교위주의 체험 프로그램이 유교문화까지 활용 스펙트럼이 넓어졌다는 평가와 함께 수학여행코스로도 접목이 진행되고 있다. 우리나라 역사문화와 정신문화 계승발전을 위한 체험프로그램으로 발전할 것으로 기대된다.

신화랑풍류체험

'문화재 생생 화랑캠프'라는 이름으로 진행되는 프로그램은 청소년들이 주요 참여자가 되어 신화랑풍류체험으로 추진된다. 삼국통일의 기초를 닦은 진흥왕과 무열왕의 능을 비롯해 설총, 김유신, 최치원을 배향하고 있는 서악서원을 활용한 다양한 체험프로그램이다.

화랑복을 입고 화랑예법, 화랑무예, 화랑각오 등 다양한 테마로 진행되어 청소년, 가족단위 참가자들에게 큰 인기를 얻고 있다. 청소년들의 교육프로그램과 공무원, 근로자들의 교육시스템으로도 확대 적용되고 있다.

참가자들이 화랑복으로 갈아입고 단체촬영을 하면서 서서히 화랑의 모습으로 닮아간다. 다도체험을 통해 화랑의 예법을 익히고, 신라통일의 원동력이 되었던 영웅 화랑이야기를 담은 특강시간이 마련된다.

어른도 화랑들의 용맹무쌍한 이야기에 푹 빠진다. 백등에 세속오계 적기 등을 통해 화랑의 맹세를 체험한다. 임신서기석에 새겨진 글을 새기면서 자신에 대한 각오를 다지는 시간도 갖게 한다. 무예단을 통해 택견과 죽궁체험 등의 화랑무예를 직접 보고 체험하는 시간으로 화랑의 매력에 흠뻑 취하게 한다.

화랑의 제도를 만들고, 화랑을 통해 삼국통일을 이루게 한 진흥왕릉과 무열왕릉을 답사하면서 해설사의 화랑에 대한 무용담과 역할에 대한 역사 이야기는 청소년들이 화랑의 기개를 닮게 한다.

야호 경주 신라타임머신투어

네번째 주 토요일에 진행되는 '야호(夜好) 경주! 신라타임머신투어'는 경주지역 전통문화자원을 최대한 활용하여 경주 관광 만족도를 높여준다. 또 체류형 관광을 통해 신라문화를 깊이 이해하고, 경주지역의 관광경기를 살리는데 기여하는 역할을 하기도 한다.

낮에는 화랑정신을 테마로 하는 재미있는 체험에 이어 전문해설사와 함께 월성발굴유적지, 유네스코에 등재된 남산 투어를 진행한다. 야간에는 서악서원에서 스토리텔러 류필기 또는 가람예술단이 진행하는 신라히스토리테마공연으로 한바탕 놀 수 있는 체험형 잔치마당이 펼쳐진다. '얼쑤 신라달밤콘서트'를 통해 신명이 난 탐방객들은 자신의 소원을 기록한 백등을 들고 신라의 달밤으로 걸어 들어간다.

신라 선덕여왕이 만들어 천체를 살피면서 농사와 국가의 대소사 길흉화복을 점치게 했던 첨성대 탑돌이를 진행한다. 빨주노초파남보라색으로 시시각각 변하면서 신비스런 분위기를 자아내는 첨성대에서 신라의 달밤을 만끽한다.

신라의 역사이야기를 듣고, 살아 있는 신라문화를 체험하고, 신라시대 문화유산이 살아있는 곳에서 신라인이 되어 신라문화를 즐겨본다. 타임머신을 타고 신라로 시간이동해보는 것이다.

"아 - 신라의 밤이여 불국사의 종소리 들리어 온다/ 지나가는 나그네야 걸음을 멈추어라/ 고요한 달빛어린 금오산 기슭에서/ 노래를 불러보자 신라의 밤 노래를/ 아 - 신라의 밤이여......"

신라의 달밤이 끝없이 입가를 맴돌게 하는 경주에서의 '신라마중' 매력에 빠져볼 것을 권하는 신라문화원 진병길 원장의 미소가 신라 천년미소를 닮았다.

고즈녁한 서원에서 출발하는 '신라의 달밤'을 체험하면서 잊지 못할 추억을 만들어 보는 것은 어떨까.

신라의 밤 풍경
한여름의 크리스마스

"오베론의 숲에서 천년 역사의 숲까지 사랑의 밤 순례길"

고도 경주의 여름에 어둠이 찾아오면 불태울듯하던 무더위는 물러나고 경주의 문화재들은 조명을 받아 신비경을 연출하며 새로운 모습으로 부활한다. 첨성대는 경주를 상징하는 8색으로 변신을 시도하며 방문객들의 시선을 모은다. 낮은 산봉우리 같은 능들은 불빛에 부드러운 능선을 고스란히 노출하며 경주 야경에 매력을 더한다. 계림도 오랜 숲의 이야기를 시원한 바람에 솔솔 풀어내며 형형색색의 절경을 선물한다.

때 맞춰 피어난 연꽃봉오리들이 한창 열반에 들 준비를 하며 사진작가들의 모델이 된다. 동궁과 월지의 야경도 이맘때 절정을 선물한다. 고요한 수면에 천연색으로 대칭을 이룬 동궁의 전경은 황홀경이다.

Beautiful in Gyeongju

팔색조 첨성대

 어둠이 내린 도심에 불빛이 은은하게 번진다. 사방으로 툭 트인 사적지 벌판에 우뚝 선 빛의 기둥, 산책을 하든 자전거 하이킹이든 한적한 드라이브를 하는 중이든 고개를 돌리면 팔색조의 빛으로 연신 변신하며 눈길을 잡는 구조물이 있다. 경주 사적지 한 가운데 자리하고 있는 첨성대다.

 렌즈에 잡힌 첨성대의 야경은 신비롭다. 청색의 유려한 자태였다가, 진홍색의 옅은 실루엣이었다가... 첨성대가 조명을 받아 밤마다 경주를 상징하는 8가지의 색으로 시시각각 변신을 시도한다.

 첨성대를 중심으로 광장과 황화코스모스단지와 연꽃밭이 있다. 월성과 계림, 대릉원 등으로 이어지는 길이 사통팔달이다. 첨성대에서 어디로든 역사기행의 산보를 즐길 수 있다. 반대로 사방에서 첨성대의 화려한 변신을 보려는 발길이 몰려들기도 한다.

 첨성대로 접어드는 길, 계림과 월성으로 이어지는 경주 동부사적지의 산책로는 어둠이 주는 적당한 익명성이 보장된다. 첨성대를 중심으로 연결된 산책로는 한낮의 더위를 피해 산책 나온 시민들은 물론 관광객들의 발길로 줄을 잇는다. 생각하지 못했던 우연한 만남에 하이파이브와 고성의 웃음꽃이 사적지를 화사하게 꽃피우기도 한다.

 첨성대 서북쪽으로는 더욱 야하게 청사초롱을 밝힌다. 돌담길이 신라대종으로 이어지면서 양편으로 나누어 선 가로수는 길을 지키는 파수꾼이다. 돌담이 길게 늘어선 오솔길엔 청색과 붉은 색의 청사초롱이 간간히 매달려 야릇한 분위기를 자아낸다.

 돌담길 돌아 시가지 쪽으로 걸어 나오면 큰 도로 건너편에 정각이 빛을 받아 고색창연한 무게를 자랑하듯 규모는 작지만 웅장한 모습으로 시야에 들어온다. 정각에는 신라대종이 자리하고 있다.

계림

첨성대에서 월성으로 이어지는 산책로가 조명등으로 실체를 드러내는 시간이면 천년의 숲이 잠에서 깨어난다. 처음부터 그러했던 것처럼 능의 옆구리도 조명을 받아 부드러운 곡선으로 관능미를 최고조로 끌어올린다. 내물왕릉과 이름 모를 고분들은 천 년 훨씬 이전부터 계림과 이웃하고 있으면서 묘한 하모니를 이룬다. 고분의 형태를 따라 번져가는 빛 무리와 계림의 오래된 나무들을 비추는 조명은 을씨년스런 분위기보다 오히려 궁금증을 불러일으켜 친근감을 준다. 태초의 닭 울음이 들릴 듯한 신비스런 빛으로 숲이 가볍게 흔들릴 때마다 온갖 신화들이 떠오르기도 한다.

계림은 한꺼번에 모든 것을 보여주지 않는다. 한 걸음씩 다가오는 사람에게만 조금씩 자신을 보여준다. 밤과 낮의 모습은 판이하게 다르다. 또 계절에 따라 각기 다른 옷으로 갈아입는다. 깊은 상처를 안고 쓰러질 듯 겨우 버티고 있는 고목들은 지나온 시간을 더듬어보게 한다. 어느 고목이 김알지가 깨어난 상자를 안고 있었을까. 미스테리를 풀어가는 탐정이 되어 나무의 이력을 하나씩 더듬어보는 것도 아주 쏠쏠한 재미다.

계림은 70~80년대 학생들의 최고 소풍 장소였다. 또 백일장과 사생대회가 열려 50~60대 중년들의 추억이 깃던 곳이기도 하다. 더위에 지친 몸과 마음을 경주의 한여름 야경 속 오늘을 한 장의 사진으로 남겨보는 것 또한 큰 즐거움이겠다.

> 기억 너머 기억이 뾰족하다, 나는 직선도 곡선도 긋지 못한 바람의 후손
> 떠돌다 가벼워지는 열성인자의 다른 이름-바람의 혁명사!

양남주상절리

"지금, 바로 지금이라는 생을 읽다"

경주 양남 해안에 형성된 기둥모양의 바위 주상절리는 천연기념물로 지정되어 있다. 신생대 말기에 양남지역에 분출한 현무암질 용암은 흔히 관찰되는 수직주상절리는 물론 경사지거나 심지어 누워있는 주상절리까지 발달해 눈길을 끈다. 특히 국내외적으로 희귀한 부채꼴 주상절리와 같이 다양하고 독특한 주상절리들을 형성해 절경을 연출하고 있다. 에메랄드빛 바다와 어우러져 아름다운 경관을 만들어내는 다양한 주상절리들은 독특한 형태가 가져다주는 심미적인 가치를 지닐 뿐 아니라 먼 옛날에 있었던 화산활동을 연구하는 데 중요한 학술적인 자료가 된다.

읍천항에서 하서리까지 약 2㎞ 해안을 끼고 이어지는 파도소리길은 주상절리를 쉽게 관찰할 수 있게 했다. 읍천이든 하서리의 항구든 일단 바닷가에서 안내판을 따라 해변길로 들어서면 끝까지 외길이다. 한쪽은 파도가 쉼 없이 밀려와 바위를 때리며 노래소리를 낸다. 파도소리와 함께 길을 걷게 돼 길 이름도 파도소리길이다. 발밑으로 달려오는 파도가 잔잔한 날에는 호수 위를 거니는 느낌이겠지만 태풍이라도 밀려오는 날이면 거품을 뿜으며 거칠게 몰아치는 파도가 겁에 질리게 한다.

읍천항에서 남쪽으로 해변을 따라 파도소리길을 500m 남짓 걸으면 출렁다리를 만나게 된다. 해안선을 따라 바다 가까이 불쑥불쑥 드러난 바위들은 제각각 각을 세우고 기둥 모양으로 눕거나 비스듬하게 기울어 있다. 긴 돌기둥이 부채꼴로 드러누워 파도의 마사지라도 받는 듯 흰 거품이 몰려왔다 물러나면서 몸체를 씻기는 모습은 절경 이다.

양남의 나폴리는 단연 수렴항이다. 울산과 경계를 이루는 관성해수욕장 입구의 해변 경관도 수려하지만 수렴항구를 에워싸고 있는 바위섬들의 포진은 나폴리라 불릴 만 하다. 백여 덩어리의 바위군상들이 저마다 개성을 자랑하듯 뾰죽뾰죽 머리를 내밀고 파도를 맞으며 하얗게 웃어대는 모습은 장관이다.

수렴마을을 지키는 바위군상들은 멀리 경주의 관문을 형성하고 있는 관성해변과 일직선으로 연결된다. 군함을 닮아 군함바위라고도 한다. 낚시꾼들은 방파제를 등에 업고 바위군과 관성해변을 바라보며 추를 던진다. 거친 파도를 이 바위군들이 막고 있어 항구로 들어오는 물길이 조용해 고기들도 편안하게 미끼를 물어주어 수렴항을 찾는 조사들의 마음은 늘 풍부하게 된다.

읍천항은 월성원자력발전소가 있는 나아리 한마음공원에서 고개 하나 넘으면 되는 1.4km 거리다. 주상절리가 절경을 자랑하는 파도소리길이 시작되는 곳이기도 하다.

읍천항으로 이어지는 하서리 해변길은 다양한 모습만큼이나 재미있는 이야기거리가 숨어 있다. 해변을 따라 경주시가 해수탕과 설화를 배경으로 한 조각예술품, 벤치와 정자 등의 시설물을 설치한 공원을 조성해 시민들과 방문객들이 편안하게 쉴 수 있게 했다.

캠프장으로 활용되고 있는 하서소나무숲에는 캠핑족들의 발길이 꾸준하게 이어진다. 아름다운 풍치림이 그림자를 드리워 시원하기 때문에 마을사람들의 놀이터가 된다. 이야기 꺼리가 풍성하게 인심으로 익어가게 하는 곳이다.

솔밭과 해안선을 사이에 두고 6.25참전 유공자를 기리는 전적비가 서 있다. 또 1983년 수렴리 마을 앞 해상으로 북한공비 3명과 안내원 2명이 군사정찰과 주요시설 파괴를 목적으로 침투하는 것을 발견해 수류탄 1발을 투척하고 사살했다는 내용을 기록한 무장공비 격멸 전적비가 세워져 있어 시대적 아픔을 되새기게 한다.

하서리해변은 깨끗한 굵은 모래와 작은 자갈돌로 길게 이어져 해수욕객들이 기분 좋게 휴식을 취할 수 있다. 또 크고 작은 바위들이 섬처럼 길게 해안선을 따라 이어지며 어류들에게 서식처를 제공해 강태공들이 사계절 몰려든다.

경주시는 마을 주민들의 휴식과 관광객들에게 다양한 체험을 제공하기 위해 양남해변에 물빛나래길을 조성 관광특화사업을 전개하고 있다. 경주시는 동해안 해양프로젝트를 기획 내륙의 역사문화관광자원과 연계해 전천후 세계적인 역사문화관광도시로 거듭난다는 계획이다. 읍천항에서 나아리 한마음공원을 잇는 해안 마을길을 주상절리 파도소리길, 읍천 벽화길과 연계 개발해 양남 연안에 '물빛나래길' 특화거리를 조성하고 있다.

읍천항에는 해수트레킹과 해수 족욕장이 마을 앞에 조성돼 있어 맑은 바다에서 건져올린 미역과 전복, 참가자미, 복어 등의 특산물들도 현지에서 싱싱하게 맛볼 수 있다.

물빛나래길은 읍천항에서 죽전마을 입구까지 1단계, 2단계로 죽전마을에서 나아리 원자력공원까지 1,4km 구간에 해수트레킹, 해수족욕장, 별빛산책로, 지역특판장, 해안 데크로드를 꾸민다.

경주 양남으로 들어서는 관성해변에서부터 수렴항, 주상절리가 꽃피듯 바다공원을 형성하고 있는 파도소리길, 각종 체험으로 힐링하는 물빛나래길, 하서솔밭에서 봉길해수욕장, 감포로 이어지는 해파랑길에는 자전거도로가 설치되어 있어 경주시민은 물론 관광객들에게 좋은 휴식공간으로 거듭나고 있다.

여름밤, 평상위에선

글 · 이 령

밥바라기 별이 상현의 소가 되는 저녁나절
엄마는 식구들의 불평을 토닥토닥 타일러
구름빵을 구워내곤 했다
중고교복을 입어야 하는 오빠의 퉁퉁거림과
표정을 담지 않으면 살아날 수 없다는 아빠의 푸념을
익숙하게 반죽하는 엄마의 요리법에는 늘
효모성의 온기가 살아 있었다
달빛이 밤물 같은 어둠을 버무리면
여름밤, 평상 위에선
부풀거나 식은 얼굴들조차 빛이 났다
유성의 꼬리가 별의 내장을 가르면
모락모락 빵들이 와르르 쏟아지고
빵이 풍선보다 부풀 땐
별이라고 믿었던 것들이 담장너머
시나브로 피기도 했다
식구들의 허기를 자분자분 다져 구워내는
연중무휴, 엄마의 구름빵은
지붕을 부풀리고 별들의 궤적을 끌어 모아
남루의 시절을 눈과 귀로 배부르게 했다

햇살과 바람이 반죽하고, 세월이 구워내는, 빵의 나라 경주!

빵으로 즐기는 경주역사

경주는 신라 천년의 문화역사가 고스란히 녹아 있는 고장이다. 여기에 고려와 조선의 천년이 더해 이천년의 역사가 살아 숨 쉬는 곳이다. 덩달아 경주지역의 모든 문화는 역사적이다. 경주의 빵들도 역사문화를 닮아 있다. 빵을 먹으면서 역사를 익히고, 빵을 먹으면서 경주를 읽는다. 빵으로 탐방하는 역사문화도시 경주의 맛은 나날이 새롭다.

경주에서 빵을 제조하고, 판매하는 곳은 160곳을 훌쩍 넘는다. 경주에서 굽는 빵은 브랜드부터 역사롭다. 국사 책에서 보는 역사, 천연기념물, 경주의 특산물이 빵의 이름에 붙어있다. 주령구빵, 주상절리빵, 곤달비빵이 그러하다. 또 다른 지역에서는 찾을 수 없는 독특한 모양, 각양각색의 맛을 자랑하며 현대인들의 별난 입맛을 만족시켜준다.

황남빵과 최영화빵

경주의 대표적인 빵 브랜드는 역시 황남빵이다. 80년에 이르는 역사를 가진 빵이다. 황남빵과 같은 창업자를 두고 제빵의 역사를 같이 하는 최영화빵이다. 특이한 점은 황남빵과 최영화빵은 분점이 없다. 본점 딱 한 곳에서만 그 특유의 맛을 체험할 수가 있다. 황남빵은 최근 경주역과 신경주역, 동대구역에 판매점을 두고 있다.

최영화빵은 황남빵과 모양이 똑 같다. 제조과정도 비슷하다. 같은 뿌리를 두고 있기 때문에 어쩌면 당연한 일이다. 경주사람들은 최영화빵이 황남빵의 원조라고들 한다. 최영화빵 주인이 황남빵 창업자의 맏며느리이기 때문이다. 현재의 황남빵은 둘째 아들이 브랜드화 하여 누구도 흉내낼 수 없는 가문의 빵맛을 잇고 있다.

또 황남빵과 맛과 모양을 같이 하는 상표로 '경주빵'이 있다. 경주빵은 황남빵에서 빵을 만들던 제빵사들이 독립해서 만든 브랜드이다.

주령구빵

경주가 가진 많은 역사문화유적 중에서 유독 기이한 눈으로 보게 하는 '주령구'가 1970년대 동궁과 월지에서 발굴됐다. 역사학자들도 처음에는 그 용도를 몰라 신기해했다. 14면체로 이루어진 주사위였다. 면마다 한자 4자성어가 적혀 있었다. 내용을 풀이하면 '세잔 연거푸 마시기', '잔을 비우고 노래 부르기', '옆 사람과 팔짱 끼고 마시기' 등등의 벌칙이 기록돼 놀이기구로 해석되었다.

경주의 빵 장인들은 주령구를 닮은 빵을 만들어 '주령구빵'이라 이름 붙였다. 달지 않게, 영양가는 충분하게, 재미있게, 즐겁게 먹을 수 있는 빵으로 만들자. 먹으면서도 경주를 익히고, 역사를 공부하면 그 얼마나 좋을까 하는 것이 주령구빵을 제조한 사람의 의도라 한다. "빵이라도 다 같은 빵이 아니다"는 것이 주령구빵을 만든 사람의 자부심이 가득한 이야기다.

이상복빵

경주빵의 장인 이상복은 14살에 황남빵에 취직해 제빵 기술을 익혔다. 황남빵의 창시자인 고 최영화옹의 눈에 띄었다. 밀가루 반죽 대신 진흙으로 기술을 갈고 닦았다.

이상복 장인은 포항에서 경주빵 장인으로 이름을 알렸다. 경주엑스포에서 경주특산물로 전국에 알리기 시작하면서 경주빵을 알리기 시작했다. 이상복은 경주빵을 찾는 사람들을 위해 제빵기술을 보급하고, 체험학습장을 운영하고 있다.

경주빵은 식은 상태에서 고유의 맛을 느껴야 한다고 한다. 냉동실에 보관해두고 먹을 만큼 전자레인지에 30초 정도만 데워 먹으면 갓 구운 빵의 맛을 느낄 수 있으며 냉동실에 얼려서 아이스크림처럼 녹여가며 먹어도 좋다고 한다.

이상복빵은 경주빵, 찰보리빵, 계피빵을 만들어 경주의 특산물로 발전시키고 있다.

찰보리빵

둥글고 조그만 팬케이크 두 개를 겹친 것처럼 생긴 찰보리빵은 안에 부드러운 팥소가 들었다. 이름에서도 알 수 있듯 반죽에 경주산 찰보리가루와 팥을 사용한다.

찰보리빵을 개발한 서영석씨는 일본에서 지역별로 대표하는 다양한 빵을 보고, 자신도 지역특산물을 활용한 빵을 만들어 보고 싶다는 꿈을 가지고 빵 가게를 열었지만 잘 안 팔리던 중 건천 지역의 찰보리가 유명하다는 얘기를 듣고 밀가루 대신 찰보리 가루를 이용해 빵을 만들었고 그 결과 찰보리빵은 황남빵과 함께 경주 명물로 자리 잡았다.

방부제를 사용하지 않아 찰보리빵은 유효기간이 보통 3일이다. 냉장고에 넣어두고 차갑게 한 상태에서 우유와 같이 먹으면 맛있다.

주상절리빵

주상절리빵은 양남 해변가의 천연기념물로 지정된 주상절리의 절경이 알려지면서 그 유명세를 타고 있다. 경주 양남의 주상절리는 우리나라 여느 곳의 주상절리와는 다른 특별한 모습으로 천연기념물로 지정됐다. 제주도의 수직형 외에 평평하게 누운 가로형, 엇갈린 절리, 특히 아름다운 부채꼴로 펼쳐진 부채꼴 주상절리는 하얗게 부서지는 파도에 덮였다가 다시 드러나면서 아름다움의 극치를 선사한다.

부채꼴주상절리의 모습으로 구워낸 주상절리빵은 '**경주여행의 완성, 천년고도 경주 끝자락! 양남으로 오세요**' 란 구호를 달고 양남지킴이 역할을 톡톡하게 하고 있다.

밀가루와 찰보리에 우유와 생크림으로 반죽하여 외피가 부드럽고 촉촉하며 속에는 팥 앙금을 가득 넣었다. 설탕 대신 자연당인 트레할로스를 넣어 먹거리에서 건강을 찾는 현대인들의 입맛에 맞추었다.

바람과 파도가 반죽하고 세월이 구워놓은 주상절리를 만나고 가는 길이라면 빵에 깃든 찰랑거리는 파도소리까지 담아가는 건 어떨까.

곤달비빵

곤달비는 경주에서도 청정지역인 산골 오지 산내면에서 생산되는 친환경 농산물 곤달비를 주재료로 사용해 구워내는 힐링 먹거리다.

곤달비빵은 밀가루보다 야채를 먹을 수 있어 건강한 간식으로 아주 좋다. 배가 은근히 고파 올 때 먹으면 한 끼 요기로도 그만이다.

경주 특산물 브랜드에 당당하게 앞자리를 차지하는 곤달비가 빵으로 변신해 관광객들의 입맛을 유혹한다. 맛과 영양을 자랑하는 곤달비빵도 경주의 특산물로 자리매김하고 있다.

 나만의 비밀스런 공간을 찾아서...

경주의 카페엔
과거와 현재의 삶이 있고,
우리가 만들어가는 이야기가 있고 ...

　이즈음 경주에는 다양한 카페들이 곳곳에 생겨나고 있다. 카페들은 하나같이 원래부터 문화재인양 천년고도 경주와 잘 어울리는 외형에 인테리어와 메뉴를 자랑한다. 달달한 커피향은 기본으로, 매력적인 문화공간을 꾸미고 경주시민은 물론 관광객을 유혹한다. 갤러리형, 도서관형, 문화재전시형, 공연장형, 박물관형 등 경주에서만 느낄 수 있는 다양하고 이색적인 카페문화가 경주를 찾는 또 다른 이유가 되어가고 있다.

뉴트로카페

최근 경주 황성동 중심가에 학원으로 운영되던 건물에 전통자개농을 전시해 박물관처럼 꾸민 뉴트로카페가 문을 열었다. 뉴트로는 오래된 것에서 새로움을 찾는다는 합성어. 지금은 사라진 전통 자개농들을 깔끔하게 다듬어 방마다 작품으로 전시하고 있다. 자개농은 옥황상제, 백두산 등의 작품으로 예술적 가치가 높다. 특별 제작된 고가의 제품을 실재 사용하던 그대로의 멋을 살려 전시하고 있다. 말 그대로 자개박물관의 역할로 자개농을 좋아하는 이들은 매번 방을 바꿔가며 힐링의 시간을 갖는다. 또 2층에 경주지역 출신 유명 만화가 이현세 작가의 책을 비롯한 다양한 만화를 전시한 만화방, 챌로 연주가들의 연주공간으로 쓰는 연주방, 소규모 행사를 진행하기에 좋은 미팅룸, 전통적인 향수가 묻어나는 사랑방 등으로 다양하게 룸을 꾸미고 있다.

JJ갤러리카페

경주 현곡의 디자인고교와 용담정 사이 들판에는 갤러리형 JJ갤러리카페가 있다. 목단화가 아름다운 정원으로 둘러싸인 별장형카페로 김정자 화가가 직접 운영한다. 수채화 아카데미와 체험학습, 펜션을 동시에 운영해 쉼터이자 힐링공간으로 예술인들 사이에 인기다.

갤러리카페를 오픈하면서 이철진 작가 개인전과 지역작가들의 단체전은 물론 인근지역의 작가들에게 개인전을 열어 창작의욕을 불지피는 화로역할을 하기도 한다. 이러한 갤러리형 카페는 안강과 충효동, 강동 왕신의 숲갤러리 등이 있다.

마리오델모나코카페

경주 첨성대가 정면으로 바라보이는 곳에는 경주음악협회장을 맡고 있는 이상진 성악가가 운영하는 음악이 있는 마리오델모나코카페가 있다. 운이 좋으면 이상진 성악가와 협연을 하는 예술인들의 공연을 감상할 수도 있다. 경주동부사적지의 문화유적을 앉아서 감상하며 베토벤의 장중한 음악까지 수시로 체험할 수 있는 곳이다. 특히 주말에는 동부사적지를 찾는 관광객들의 다양한 표정을 창문 너머로 훔쳐보며 멀리 첨성대와 반월성의 풍경을 즐기는 것은 말 그대로 힐링이다.

바실라카페

경주보문단지에서 불국사로 이어지는 보불로 중간쯤 하동저수지를 바라보며 양지바른 곳에 자리잡은 바실라카페는 펜션과 함께 운영되며 전망 좋은 곳으로 이미 소문이 나있다. 주말에는 1층, 2층의 자리와 야외 파라솔에도 손님으로 가득 찬다. 여름에는 카페와 저수지 사이 공간에 해바라기가 노랗게 물결짓는 이색적인 분위기를 연출해 포토존으로도 인기다.

카페 신라방

불국사 불리단길에는 다양한 카페가 있다. 불리단길 경주공예촌에 최근 전통 쌍화차와 대추차 등의 차를 주류로 하는 카페 신라방이 들어섰다. 신라방의 쌍화차는 감초, 계피, 당귀, 숙지황, 작약 등 16가지 한약재를 우려내어 건강을 돕는 건강차다.

자수와 꽃꽂이 등의 체험학습과 함께 커피향을 즐기는 **다시봄**, **꽃신** 등의 카페가 사랑방 손님들을 기다리고 있다.

한성미인

경주 최고의 핫플레이스 황리단길에는 말할 것도 없이 다양한 카페가 젊은층의 취향을 겨냥해 이색적인 메뉴를 준비하고 있다. 최근 대릉원의 숭혜전 앞 광장에 문을 연 한성미인은 신라미인과 서울 미인들의 한마당 쉼터로 자리매김 하고있다. 한성미인은 지역예술인들을 초청해 토크쇼와 다양한 공연문화를 선보이며 광장문화를 꽃피우겠다는 뜻을 밝힌다.

한성미인은 대릉원의 미추왕릉과 천마총, 황남대총, 검총 등 신라고분에 대한 이야기만으로도 충분한 대화의 소재가 되는 대화의 광장이기도 하다.

이외에도 주변 경관을 이용한 천북의 **소리지카페**, 현곡의 **커피명가**, 보문호반의 **엘로우카페** 등이 있다.

보문호반을 내려다보는 곳에 자리한 **아사가차관**은 차 마니아들이 정기적인 차회를 열어 전통적인 풍속을 이야기 하며 건강을 찾아가는 길을 열어준다. 아사가에서는 차와 다구들에 대한 강의를 비롯 다양한 세미나와 전시회 등의 행사가 열려 지역의 전통문화를 소개하는 문화공간으로 알려지고 있다.

고생대에서 신생대로 이어지는 쥐라기시대의 대규모 지각변동이 수렴항을 뒤집었다. 땅속 깊숙한 곳에서 들끓던 마그마의 분출은 거침없었다. 그러나 그도 지표면의 빙하기는 거스르지 못하고 싸늘한 돌이 되었다. 내 젊은 날의 뜨거운 꿈과 울분처럼 세파에 몸을 움츠렸다. 되돌릴 수 없는 시간의 절박함이 틈을 지으며 각진 기둥을 만들었다. 사천왕상을 연상케 하는 바위군상들은 수백만 년을 건너는 동안 어깨동무로 울을 만들어 파도나 냉수대의 흐름을 또 그렇게 너울너울 건너온 것이다.

경주는 세계적인 역사문화도시이다. 가는 곳마다 고분이요, 오래된 사찰엔 탑과 불상들이 흘러간 시간을 고증하고 있다. 이미 알려진 문화재는 물론 아직 알려지지 않은 문화재 또한 시간을 거슬러 거꾸로 진화하는 속성으로 신비감을 자아내고 있다.

경주 곳곳에서 전하는 수많은 이야기를 온전히 간직하고, 새롭게 발굴될 묻힌 이야기를 스토리텔링하는 작업은 오늘을 살아가는 우리가 해야 할 숙제일 것이다. 경주에서 힐링자원을 찾아 함께 누리는 것은 우리의 권리며 자유가 아닐까.

 지은이

강시일

시인, 수필가, 대구일보 기자
시집 『나의 바다』
문화유적답사기 『경주 남산』
　　　　　　『역사기행 경주』 2권
　　　　　　『경주 힐링로드』 4권
　　　　　　『새로쓰는 삼국유사』 1권

이령

시인, 웹진 시인광장 부주간
한국문학비평가협회 이사
동리목월기념사업회 이사
젊은시 동인 Volume 고문
대왕소나무 발화법-울진 금강송 스토리텔링 집필
시집 『시인하다』
　　『삼국유사 대서사시 사랑편』

이원주

시인,
도서출판 인공연못 대표